喜び・讃美・感謝の威力 第一巻

次元上昇し 今
光と化している地球

あなたならどう生きる？

知抄 著

たま出版

実在する　知抄の光と知抄

宇佐神宮奥院　大元神社にて

SP -0:26:05

SP -0:26:07

宇佐神宮奥院　大元神社にて

SP -0:14:43

SP -0:15:52

SP -0:15:55

SP -0:31:04

喜び・讃美・感謝の威力 第一巻

次元上昇し 今
光と化している地球

あなたなら
どう生きる?

はじめの言葉《ことは》

気で悟る〈気功瞑想法《きこうめいそうほう》〉を公表してから、二十七年が経ちました。人間でありながら、人間智を超える〈智超法秘伝《ちちょうほうひでん》〉は、魂の光輝《こうき》への道標《みちしるべ》として、

人間とは　本来　光そのものである

ことを、光の子・光人《ヒカリビト》生誕の事実をもって、証《あかし》することが出来ました。

更に、この〈智超法秘伝《ちちょうほうひでん》〉は、光の源《みなもと》の地球を光と化す大計画の、人類救済の為に賜《たまわ》ったことが、鮮明になりました。

光を　垣間《かいま》見た者　多し
されど　光の道を
歩んだ者は　皆無《かいむ》なり

との、生命《いのち》の根源、創造界にあられる実在する知抄の光によって、このメッセージ通りに、導かれた四半世紀、地球も、人類も、緩《ゆる》やかではありますが進化し、今、大きな飛躍の時を迎えております。

二〇一七年一〇月一〇日　知球暦八年を迎え、〈**新世界の生誕**〉が光の源《みなもと》の大計画の遂行の中で、地球進化の新生を具現化しております。

この日より、地上の多くの分野に渡り、変化が起こっていることに、気付かれているお方も、おられるでしょう。

人間は、万物の根源、光の源《みなもと》の生命《いのち》の水辺、創造界を旅立つ時、〈**自由意思**〉を賜《たまわ》ります。次元上昇し、光と化した地球を、今《いま》迄《まで》通りに生きて行くか、自らの自由意思で、一呼吸、この瞬間の今を、すべてを光に〈ゆだね〉て、魂の光を解き放ち、肉体の三次元にお迎え出来るかは、本人次第です。人間は、ただ無知《むち》故に、既成概念《きせいがいねん》で思考を巡らせ、光でない方へと連れて行かれていることにも気付かず、今も既《すで》に、光の地球に同化出来ず、溺《おぼ》れているお方がほとんどです。

今、この瞬間すらも、地球存亡、人類存亡、自らの存亡を、認識出来ているか否かです。地球を救い、人類を救う為に、寸分の狂いもなく、光の源《みなもと》の大計画が、進行していることを、地球を住処《すみか》とする地球人としては、知っておかねばなりません。そして、情報を得たら、次にどうすべきかは、各人の自由意思にお任せするだけです。

この本の構成については、

第一部は、肉体マントを光のマントに変える智超法秘伝《ちちょうほうひでん》、〈光呼吸〉を、公開致しました。これは、光と化した地球での自然呼吸に替わる、新人類として身に修めるべき術《すべ》です。

第二部は、知抄　光の足蹟《そくせき》です。何人《なんぴと》も歩んだことのない、〈真《しん》我《が》〉覚醒《かくせい》した者が歩む光の源への、光の道を、一歩ずつ、これから多くの人々が歩めるように、平坦にして参りました。この歩みの階梯《かいてい》を、人類のお一人おひとりが、必ず、喜びと賛美と感謝の威力によって、引き上げられ、のぼって来られることでしょう。
第三部は、地球を救う知抄の光と共に、光の子・光人《ヒカリビト》が、〈大地を受け継ぐ者〉としての使命を遂行する、視点に於《お》いて、今の光の旅路を顕《あきら》かにしています。自称光の子等にとっては、至純至《しじゅん》高なる、光の源《みなもと》の、真実の光を認識されることでしょう。
これから、目の前で、何が起ころうとも、動ずることなく、自らの存亡をかけて魂の光を解き放ち、自力救済にて、
緊張感、不安感、恐怖感、猜疑心《さいぎ》、敵対心等の負の感情をすべて、智超法秘伝《ちちょうほうひでん》の術《すべ》にて自《みずか》らが平定し、
魂の光に〈ゆだね〉、喜びと、賛美と、感謝に満ちる、新人類として、光と共に学び、光と共に歩みましょう。

実在する
知抄の光
それは
人間の根本を
変える力です

二〇一八年一月八日

知抄

☆知抄の名称は、1990年に
光の源より賜ったものです。

人類への賜りもの

智《ち》超《ちょう》法《ほう》秘《ひ》伝《でん》

地上にて
一番高き階段を
天に向かって
来られよ

汝に　与えん　智超法秘伝
光の　いとし子よ

世界に向かって
声高らかに　知らせよ
共に歩み　共に学ばん

穏やかなる　宇宙の波動
すべて　万物にみち
調和のなかに
水瓶座時代の
夜明けを迎えん

（万里の長城にて
一九九〇年　知抄　受託）

光と化した地球への道しるべ

《 智超法秘伝 》

◇③ 光　呼　吸　◇（1995年　受託）

4．闇を切る術《すべ》（1995年　受託）

5．喜び・賛美・感謝の動・静功（1996年　受託）

6．光人に変身する術《すべ》（2000年　受託）

◇⑦ 幸せを呼ぶ 数え宇《う》多《た》　◇（2000年　受託）

8．知《ち》光《こう》浴《よく》（瞑想）（2000年　受託）

9．言《こと》の葉《は》瞑想（2001年　受託）

10．光生命体に成る術《すべ》（2015年　受託）

魂の光輝への道しるべ

≪智超法秘伝≫

1. 智超法気功 (1989年 受託)

(1) 準備功 10式
(2) 智超法気功 3式
(3) 智超法気功 5式
(4) 智超法気功 8式
(5) 智超法気功 10式

2. 気功瞑想法 (1989年 受託)

(1) 初級
(2) 中級
(3) 上級
(4) アデプト (天目開眼功法)

目次——喜び・讃美・感謝の威力　第一巻

次元上昇し今　光と化している地球
あなたならどう生きる？
光の写真
はじめの言葉《ことは》
智《ち》超《ちょう》法《ほう》秘《ひ》伝《でん》

第一部　新世界への旅立ち／21

智超法秘伝《ちちょうほうひでん》の術《すべ》

（1）　地球を光と化す　光の源《みなもと》の大計画

二〇一七年十二月二十三日（K・M）記

（2）　智超法秘伝《ちちょうほうひでん》　光呼吸《ひかりこきゅう》

（3）　智超法秘伝《ちちょうほうひでん》　数え宇多《かずうた》

（4）

新しい地球を生きる　親子教室での学び

二〇一七年十二月一〇日（O・Y）記

（5）

光を死守する者は　光によって守られる

二〇一七年十二月二十一日（J・K）記

（6）

遺伝子だから仕方ない？

あきらめなくてよかった

二〇一七年十二月二十二日（T・K）記

第二部　知抄　光の足蹟《そくせき》／95

智超法秘伝《ちちょうほうひでん》

〈1〉　知抄　光の足蹟《そくせき》

〈2〉　偶然は　有り得ない

日野原重明先生との出逢い

二〇一七年十二月一日　（W・A）記

〈3〉　二〇一七年十二月十二日　火曜日

早朝に〈A様〉現《あらわ》る

〈4〉

外部からの光の子・光人《ヒカリビト》について

〈5〉

新しい時代に向けて
あれこれと思索《しさく》を楽しんでいます
二〇一七年十二月二十一日（K・H）記

〈6〉

二〇一七年十二月二十五日　月曜日
どんどん　光を放つ!!

第三部　地球を救う光の子・光人《ヒカリビト》へ／165

◇待ったなしの今

①
永遠《とわ》に続く光の道　目指《めざ》すは光の源《みなもと》
二〇一七年十二月八日（F・A）記

②
智超法秘伝《ちちょうほうひでん》　それは　遺伝子を通じて
人間を光に変える威力です
二〇一七年十二月十三日（I・K）記

③
総入れ歯　三〇年　智超法秘伝《ちちょうほうひでん》と共に歩む
二〇一七年十二月十三日（K・K）記

◇④◇知抄の光と共に　礎《いしずえ》の光として歩む

二〇一七年十二月二十三日（S・A）記

◇⑤◇智超法秘伝《ちちょうほうひでん》　高級内丹静功法《こうきゅうないたんせいこうほう》の威力

二〇一八年一月六日（K・K）記

あとの言葉《ことは》

知抄の著作について

①指帰《しき》の宇多《うた》

②智超法秘伝《ちちょうほうひでん》シリーズ　全七巻

③光の源の大計画シリーズ　全五巻

光の源《みなもと》よりのメッセージ
素晴らしき仲間の詩《うた》

◇お問い合わせは◇

第一部

新世界への旅立ち

（1）地球を光と化す

光の源《みなもと》の大計画

魂の光が地上に顕現《けんげん》する、〈知の時代〉、知球暦八年を、二〇一七年一〇月一〇日に迎え、光の源《みなもと》の、地球を救う大計画も、いよいよ、第二幕目の幕開けとなりました。奇《く》しくも日本では、衆議院議員の総選挙が公示され、**喜び、賛美、感謝の光の地球に同化する者と、**そうでない**者を、**日本の政治の在《あ》りように於《お》いて、地球の変容の証《あかし》として、早速《さっそく》見ることが出来ました。

光の地球に同化出来ていない者は、本当に、人間の本性《ほんせい》が、さらけ出されて、

誰にでも、鮮明に判《わか》るようになりました。

光の源《みなもと》の、地球を、そして、人類を救う大計画は、知球暦元年、二〇一〇年一〇月一〇日から、七年間は、光と闇の決戦の只中《ただなか》にありました。特に、

☆知球暦五年、六年、七年の三年間は、峻烈《しゅんれつ》な闇との戦いの中でした。

知抄先生は、地球を救う、光の源《みなもと》、創造界の、知抄の光〈十字の光・吾等《われら》〉と共に、地上の指揮官として、〈地球の核〉としての大使命の遂行に、光の子・光人《ヒカリビト》を駆使《くし》し、妖精を生み出し、光を放ち、〈地球創生の時からの闇〉を駆逐《くちく》し続けておられました。光の子は、光人《ヒカリビト》として確立し、知抄先生の使命を担う時、

☆ 西暦 2015 年・2016 年・2017 年の 3 年間は峻烈《しゅんれつ》なる光と闇の戦いの中にありました。

〈光命体〉への変神《へんしん》が、容易になりました。
今、創造界に在《あ》られる、知抄の光と共にある知抄先生は、

地球を守り
人類を守り
喜びと　賛美と　感謝の威力を　駆使《くし》し
真に光を求める者
光を受け止める準備整いし者を
光の子・光人《ヒカリビト》を駆使《くし》して
光へと引き上げています

光の源《みなもと》の創造界に在《あ》られる、偉大なる知抄の光と一体で在《あ》られる、知抄先生は、何の肩書きも持たず、

―その威力をもって出る―

との、メッセージの通り、かつて地上に降下《こうか》されたことのない、何人《なんぴと》も侵《おか》すことの出来ない、燦然《さんぜん》と輝く、眩《まばゆ》い光として、私達にも判《わか》るようになりました。しかし、その隔《へだ》たりは、今も変わることなく、光の子・光人《ヒカリビト》であっても、直接にお話をすることは出来ない状況に変わりはありません。

いよいよ光を求める人々が、熱き光への思いで、知抄の光を目指してやって来る時を迎えました。そして、各人の旅路によりますが、使命遂行の担い手である光の子は、どこに居ても、地球存

亡、人類存亡をかけて、ご降下《こうか》されている、実在の知抄の御前に、必ず逢いにやって来ると、すでにメッセージで受託されていたことが、現実になって来ています。今、まさに、それは、知抄先生と面識のない人達が、光の剣を抜いて現れ、御前に在《あ》るという、驚くことが、現実として、起こって来ているからです。

魂の光と共に歩むことが、次元上昇し、光と化した地球では、今、現実となりました。もはや、人間をやっていては、光の地球では、溺《おぼ》れるだけです。国家も個人も、何人《なんぴと》も例外なく、魂の光と共にいないと一歩も前へ進めなくなっているからです。それ故、思考が停止し、本性《ほんせい》がさらけ出され、恥辱《ちじょく》の涙を流されている、著名人の御名前が、マスコミで話題になっていることでも、証《あかし》されているのです。

光と化した地球で、溺《おぼ》れている人類を救えるのは、知抄先生と、光の子・光人《ヒカリビト》・知抄の光・〈十字の光・吾等《われら》〉だけです。これは、顕幽両界《けんゆうりょうかい》に渡ってのことです。

〈何故《なぜ》？〉と、疑問が湧くでしょう。それ故、知抄先生は、時が来るまで公表を控えておられたのです。それは、三次元の肉体マントの人間智で言動している者にとっては、反発心と、猜疑心《さいぎしん》と、不安、恐怖感、緊張感《きんちょうかん》をもたらす事が、判《わか》っていたからです。これ等の人間智は、全て、魂の光輝《こうき》を求める向上心を、内なる〈闇〉として、自らを阻害するからです。

光の源《みなもと》の大計画は、地球を救い、人類を救う為に、次元上昇で波動を変え、〈魂の光〉を開放することで、〈地球を光と化する〉ことを、すでに、現実化されていることを認識せねばなりません。これに対応し、光の地球に共存する方策として、〈智超《ちちょう》法秘伝《ほうひでん》〉を、万里の長城に於《おい》て、知抄先生が地球救済・人類救済の為に賜《たまわ》りました。

そして、二十七年の歳月をかけて、光の子・光人《ヒカリビト》生誕の、その実績と光の足蹟《そくせき》を、真実の証《あかし》として、必ず、私達求める者に、知抄の実在する光への確信を、与え続けて下さり、今日に至っております。

― 人間とは 本来 光そのものです ―

魂の光を　まず　解放し
自由に羽ばたかせ
〈光そのもの〉として
　地上に　顕現《けんげん》することです
それは〈人間智〉で支配されている
　肉体マントを
魂の光からの　無限の〈英知〉を
ヒラメキで受け止め

全知全能を 引き出し 使いこなし
光のマントに
変えて生きることです

その為に、人間が今しなければならないことは、
瞬間の〈待ったなし〉の 今を
魂の光と共に歩むか、
三次元の肉体マントの中で、
光と化した地球を溺《おぼ》れながら過ごすかです。
自らの存亡をかけて、

二者択一の決断につぐ、決断の中にあることの認識です。

もはや、人間智の〈努力〉の範疇《はんちゅう》ではないのです。

二〇一七年十二月二十三日

（K・M）記

（2）智《ち》超《ちょう》法《ほう》秘《ひ》伝《でん》

―光《ひかり》呼《こ》吸《きゅう》―

光を採《と》り入れ

光に戻《もど》り

光と共にある

☆新世界の呼吸です
肉体マントを
光のマントに
変えます

◇新世界　それは
魂の光が自由を得て
精神へ　五感へ
細胞一つひとつへと
顕《けん》現《げん》することです

☆〈光《ひかり》呼《こ》吸《きゅう》〉

光を採《と》り入れ

光に戻《もど》り

光と共にある

☆魂に意識を置く

光を採《と》り入れ
☆〈知抄の光　お助け下さい〉の思いで
　魂の光と共に　魂の開放を願う

光に戻《もど》り
☆魂の光が自由になり
　人間本来の〈光そのもの〉になる

光と共にある
☆魂の光が解《と》き放たれ
　三次元の肉体に顕現《けんげん》し　共に生きる

☆注意☆

呼吸だから、どうしたらいいの?と、
迷《まよ》いのあるお方は
☆すべて、これ、既成概念《きせいがいねん》です。
真っ新《さら》な白紙の心になりましょう。
それは、知抄の光への全託《ぜんたく》です。
ゆだねることです。ゆ、だ、ね、る、!!

―知抄の光へ全託《ぜんたく》（ゆだねる）―

光を採《と》り入れ

☆宇宙に満ちる生命《いのち》の光
目の前にある　知抄の光に
助けを求める決断

光に戻《もど》り

☆一足飛びには来れないですが
光を求める熱き思いで繰《く》り返します。

光と共にある

☆各人の旅路によりますが
〈光生命体《ひかりせいめいたい》〉への変容に気付かれるでしょう。

―光を採《と》り入れ
光に戻《もど》り
光と共《とも》にある―

何をしていても自然呼吸のように、光呼吸を身に修《おさ》めましょう。

☆出来ているか、出来ていないか、自己評価していませんか？
知抄の光にゆだねる……のみです。

身も 心も 軽く
嬉しく
楽しくなるまで
——さあ、実践——
光呼吸《ひかりこきゅう》しよう!!

知抄の光からのメッセージ

光に熱き思いを
持つ者は
流されることはない

☆この一瞬の今を
知抄の光と共に
喜び・賛美・感謝の中で
光そのものとして
〈光生命体《ひかりせいめいたい》〉で
過ごして行きます

—実在する　知抄の光—

知抄にある
この光は
何人《なんぴと》たりとも
ある光ではない

☆かつて、地上に降下されたことのない、
万物の根源、創造界に実在する光です。

☆この光を
受け止められる者
知抄と光の子・光人
そして
知抄のこの光に
すべてを
捧《ささ》げる者だけである

☆ 地球の存亡をかけて、〈十字の光・吾等《われら》〉
と共に、地上に降臨され在《あ》る（1996年7月）

―光を採《と》り入れ
光に戻《もど》り
光と共《とも》にある―
この光呼吸
光へ行きつ　戻りつ
繰《く》り返し　身に修《おさ》める

☆光は　一瞬の　光芒《こうぼう》

魂の光になり

思考による闇《やみ》にて

肉体に戻り

光へ行きつつ　戻りつつ

しながら　光生命体として

確立して行く

―光への熱き思い―

知抄の光は
光人《ヒカリビト》を通じ
真に光を求めし者へ
光を浴びせ　注《そそ》ぐ

☆努力します☆

この思い捨てねばならない
次元上昇し
光と化している地球
既《すで》に人間の思考の
範疇《はんちゅう》ではない

智超法秘伝《ちちょうほうひでん》の光呼吸を一般に公表するのは、

知球暦八年目を迎えた二〇一七年一〇月一〇日より、大きく地球が飛躍した為です。

外で育った光の子等が顕幽界《けんゆうかい》より、知抄の御前に使命を携《たずさ》え現れ始めたからです。

知抄の御前に
　地球を救い　人類を救う
使命遂行に目覚めた
　光の子・光人《ヒカリビト》等が
光の剣を　共に抜き
　知抄の使命を　担っていること
が
　顕《あきら》かになったからです

―光を採《と》り入れ
光に戻《もど》り
光と共《とも》にある―

この肉体マントを光のマントに変える威力は、光の子・光人《ヒカリビト》を養成する為のセミナー以外では、一般公開はして来てはいませんでした☆。

☆智超法秘伝《ちちょうほうひでん》　第４巻にメッセージとしては公表しています。

☆このお宝を 少しずつ人類は
身に修《おさ》め 光呼吸が自然に出来
るまでに 自《みずか》らの
自由意思 による
決断の 時を迎えた
ことを 自覚しましょう

♡魂の光（真我《しんが》）♡

これこそ
光の地球の
主役《しゅやく》です

◇肉体マントを捨てる◇

自由意思を使っての決断
光のマントに変身しまーす
そして
知抄の光　暗黒の地球を
お救い下さいーーと

☆〈胸の奥へと叫ぶ〉

——唯一の〝人間の〟武器——

それは

自由意思

◇自由であることは◇

良い方へも
　悪い方へも
人間の決断次第です

　その結果　地球は今
　どうなりましたか？

――地球は現実に
次元上昇しています――

あなたは如何《いか》に
対応して来ましたか
傍観者《ぼうかんしゃ》として　これからも
無関心《むかんしん》で　お過ごしですか？

◇本当の自分（真我《しんが》）◇

肉体の中に閉じ込め
在《あ》るのです
魂の光輝《こうき》を　切望《せつぼう》し
熱き思いで求め開放《かいほう》して
自由に羽ばたきましょう

肉体マントを光のマントに
変える智超法秘伝《ちちょうほうひでん》としては
――幸せを呼ぶ
數え宇多《かずうた》――
があります。

◇光の源《みなもと》の大計画 Part5
〈幸せを呼ぶ　数《かず》え宇《う》多《た》〉を
お手元に置かれることをお勧めしま
す。そして、この中に掲載されてい
るお写真は、実在する光そのものので
す。光呼吸と共に、光への階梯《かいてい》を
〈数《かず》え宇《う》多《た》〉口ずさみ前進しましょう。

（3）

智超法秘伝《ちちょうほうひでん》

数《かず》え宇《う》多《た》

一　いちに　決断　Chi《知》―sho《抄》の光

二　にに　ニッコリ　喜び　賛美

三　さんで　サッサと　感謝を　捧げ

四　よんで　良い子　光の子

五　ごうで　GO！　GO！　光を放ち

六　むは　無口で　実践　感謝

七　ななは　Night《ナイト》　&《アンド》　Day《デイ》も　サラサラと

八　やあは　ヤッサ　ヤッサで　Be《ビー》 young《ヤング》

（身も心も　Be young）

九　ここは　ここまで来ても　永遠《とわ》なる学び

（謙虚《けんきょ》　謙虚《けんきょ》で　キョン　キョン　キョン）

十　とうは　トウで成る　成る　光の地球

（スーレ　スーレ　光の源《もと》へ）

喜び　賛美　感謝　スーレ

喜び　賛美　感謝　スーレ　スーレ

喜び　賛美　感謝　スーレ

スーレ　スーレ　光の源《もと》へ

（4）新しい地球を生きる親子教室での学び

神宮外苑サマディの、日曜日の午前に開講されている親子教室は、〇歳の赤ちゃんからシニアの大人まで、自由に参加できる、とても楽しいお教室です。大人は、知抄の光の帳《とばり》の中で、幼子《おさなご》の白紙の心をお手本に、参加されて居られます。お子達は、〈学ぶ〉という感覚は全く無く、自由にのびのびと、元気一杯、楽しく、嬉しく、知抄の光を浴びて、才能開花へと導かれています。

先日のことですが、私たちスタッフは、「小さい時から、ご飯の炊《た》き方や、軽い料理の作り方を覚え、一人ひとりが、自炊《じすい》できる独立心を根付かせ、お片づけ等、積極的に自らの意思で、冬休みも近いので、お手伝い出来るように、お話ししましょう」と、打ち合わせしておりました。

当日、カリキュラムの〈新世界での子育てについて〉の、質疑応答の時に、そのお話をする予定でおりました。その前に、

「何か、お話、ある方は」――

と、促《うなが》すと、小学二年生のY君が、手を挙げ、

「僕は、昨日の夜と今朝、自分でオムレツを作り、食べました」

と、開口一番に話されたのです。

思わず私たちスタッフは、

「今日は、そのことを、お話ししようと思っていました。お料理作れたのね」――

と、皆さんが感心すると、

「僕は、カレーも作れるよ」――

と、嬉しそうに皆さんに話されました。

既に、知抄の光のご意思を、〈ヒラメキ〉で受け止め、実践していることとの凄《すご》さに、私たち大人の方が、驚きました。Y君は、八歳ですが、いつもは、猛スピードで教室中を駆け回り、鏡の所に備《そな》え付けてある、手すりのバーに上がったり、そこから床へ飛び降りる、ジャンプを繰り返したりの、全く、じっと大人しくしていない、実に活発なお子さんです。危ないから……と、私たち大人が制止しようにも、すばしっこくて、逃げ回り、いつの間にか、追っかけっこ、ごっこ、になってしまうのです。

お教室には、お母さんと、五歳になる弟さんが、先に参加されておられました。お兄ちゃまは、お教室に連れて来るまでが大変で、お母さんが悲鳴を上げるほど、自由奔放《ほんぽう》な、超お元気なお子様でした。それが学校では、実に大人しく、素直に授業を受けてとても賢く、作文や絵で、学校代表に選ばれたり、区でも、賞を頂くなど、確実に才能が開花し始めています。

次のお話は、

―学校でのいじめについて―でした。

小学五年生の女のお子さんが、同級生のグループに、嫌がらせ、されている事でした。〈知抄の光　共にいて下さい〉―と、お願いし、数《かず》え宇多《うた》を心の中で、うたうことを、前回のお教室でお話ししていました。セミナーにも参加されて、徐々《じょじょ》にいじめについての悩みが、光によって照らされ、見違えるほど、明るくなり、活力に満ちる変容でした。「学校を嫌がることなく、元気に通えるようになりました」と、母娘共にお喜びでした。お子さんについて、不安や心配の思いを、保護者がなさいますが、これは光を拒否する事になるので、一番注意する必要があります。その為に、家族がいつも、明るく、楽しく、生活できるように、喜びと賛美と感謝の威力を、大人は、特に、心がけねばならない事を、再確認しました。今迄《いままで》も、知抄の光の威力により、いじめの問題について、学校ごと浄化し、個々に、解決して来ております。

親子教室では、時々、プレゼントがあります。綺麗《きれい》な箱を、子供達は、大喜びで、リボンを誰がとるか思案《しあん》します。大人は決して手出しをせず、子供達だけで、平等に分けてお配りする方法を、お任せしています。見守っていると、普段は、やんちゃな、五歳の男の子が、急に静かな声で、「まず、この大きいお菓子を箱のふたに入れて、大きいお菓子と、小さいお菓子を分けるといい、大きいのはひとり一つ、小さいのはひとり二つね」――と、提案してくれました。すると、すばやく二手に分かれて、小さな子供達が、一つの箱を二人で持ち、順にお教室内を回り、「これは一つね、お好きなのをどうぞ」――と、お配りするのでした。高学年のお姉さん、お兄さん達は、小さい子達が、リボンを外し、箱を開けて配りたい気持ちを尊重《そんちょう》し、手出しは致しません。時折、お菓子の数の計算が出来ない事が起こりますが、時間内に配れるように、アドバイスしながら、温かく見守って居ります。その様子は、とても微笑《ほほえ》ましく、いつの間にか、大人の私たちも、幼子《おさなご》に戻って、お菓子のお相伴《しょうばん》をさせて頂いております。

私自身も、四人の子供の母として、今共にこの様な学び場にある、縁の深さに、感無量の思いが致します。

私は今五十一歳になりますが、一九九二年一〇月、渋谷駅南口正面前にある、東急BEの智超法気功《ちちょうほうきこう》教室に、他教室がどこも満杯で、朝の五時から並んで、やっと受講できた、伝説の新教室オープンに馳《は》せ参じ、学ぶチャンスを掴《つか》んだのが始まりでした。何も判《わか》らない私たちは、知抄先生と、あの十字の光の御印《みしるし》の、〈実在する光の吾等《われら》〉に、すべてを委《ゆだ》ね、ただひたすら、共に、光の子として、光人〈ヒカリビト〉として、ここまで育まれ、知抄先生と共にあります。

実在する光からのメッセージの録音。実在する知抄の光と、知抄先生が、黄金と一体の光に成《な》られる、瞬間の写真撮影。サロン・

ド・ルミエールの三階で、光の降臨《こうりん》を、ビデオで共に、平伏《ひれふ》しながら検証した、数々の実在する光の証《あかし》。言葉で言い表すことの出来ない、奇蹟を通り越した、光と共に在《あ》る体験は、揺るぎない、光への確信となって、実在する知抄の光の威力と共に、今日の、私があります。

この四半世紀、すべてが知抄先生に降臨《こうりん》されている、実在する知抄の光と共に、

私も、主人も

高校三年生の長男

十七歳の高校二年生の次男

小学五年生になる十一歳の三男

そして、七歳になった小学一年生の四男

更には、田舎に居る私の両親すべて、知抄の光の恩恵の帳《とばり》の中にあります。そして、私が、横須賀の文化センターで、〈智超法気功《ちちょうほうきこう》〉教室のスタッフをしていた頃、私の会社に、仕事のことで、社長に会いに来たのが主人で、偶然居合《いあ》わせていた私が、応待したのです。なんと教室で、当時学んでいた主人は、私を見て、本当に、本当に驚いたそうです。想像すら出来ない、考えてもいない、この出逢いを私達は頂きました。偶然はないと申しますが今、振り返って見ますと、〈なんて粋《いき》なお計らい〉で、あったかと思います。

そして、長男は、いよいよ、☆大学受験の本番を迎えています。相変わらず、勉強している様子は見受けられません。去る六年前、ほとんど受験勉強もしないで、九月頃になって、急にお勧め頂き、

☆1月14・15日のセンター試験では、900点満点で、833点の結果でした。

三校受けたのです。ところが、受験した、難関の栄光学園、麻布中学、そして、筑波大学附属駒場中学に合格し、お勧め下さった、関係者を驚かせ、且《か》つ大喜びの歓声《かんせい》となりました。私と共にずっと胎児の時より、知抄の光を浴び続けてきた長男でした。

この当時、共に学んでいた子供達の中の、クラシックギターで、小学生の時に日本一に二回なり、NHKホールで、十歳でオーケストラをバックに演奏された（N）君も、今では大学の、ロボット研究部で、意外な才能を開花させ、その成長を期待されるお一人です。多くのお友達が、知抄の光を浴びて進化し、賢くなって、学校の成績が良いのは、当然の事で、知抄の光からの英知を受けとめ、頂くからです。知抄先生は、一九九六年八月以来、決して表にお出には成《な》られませんが、誰よりも、お一人おひとりの、個性に合った指導を、必ず私達に示唆《しさ》して下さいます。
二十一世紀を生きる、新人類として、地球の宝である子供達を守り、良き方へと導くのは、私たち大人の義務です。
喜びと賛美と感謝に満ちる、光と化した地球の帳《とばり》の中で、新しい地球に相応《ふさわ》しい、リーダーが育って行くよう、実在する知抄の光に、地球の子供達を、丸ごと委《ゆだ》ねて共に歩む所存です。

ありがとうございます！

二〇一七年十二月一〇日

（O・Y）記

☆純粋無垢《じゅんすいむく》な
子等《こら》を
守るには
☆大人たちが
光生命体《ひかりせいめいたい》に
なることです

（5）光を死守する者は光によって守られる

私は今、楽しく嬉しく、健康で幸せな日々を送らせて頂いております。

二十数年前のことになりますが、私は、狭心症という病に罹《かか》りました。長年のストレスが溜まっての事だったのかも知れません。

それまでは、大きな病気になった事はなく、仕事と家事を両立させ、元気そのものでした。病名を知ってから、それ以降、体調がすぐれない日々が、ずっと続いていたのです。

そんな或《あ》る日のこと、お教室に通い始めていた息子が、〈智超《ちちょう》法気功《ほうきこう》のセミナーが、横浜の新都市ホールで開催されるので、参加してみないか〉―と、ご縁を頂くことになりました。

十数年前の、そのセミナーでは、何も判《わか》らない私は、プログラムの進行にそって、何故《なぜ》か涙が溢《あふ》れて来たのです。この時の知抄先生のお話は、何一つ覚えてもいないのにです。この日をきっかけに、セミナーやファミリー教室に、機会があるごとに参加し、自然に心身を浄化して頂き、嬉しく、楽しく、元気に変容させて頂いておりました。

ところが、三年前のお正月のことでした。一月一日に、サロン（二〇一）で、初めて知抄先生に、直接にお逢いすることが出来たのです。お声をかけて頂いた娘は、笑いと、浮上《ふじょう》が止まらなくなりました。娘は、私より体格もあります。それが、軽々と身体が座ったままで、浮いて、次に床へドーンと戻るのを、目の前で見て、もう言葉が出ませんでした。

それからと言うもの、次々と幸せが舞い込んできたのです。聞くもの全てが、良き方へと導かれ、喜びと賛美と感謝の中で家族が嬉々として過ごせるようになり、その年の四月から、四ツ谷のシニア元気教室にも、参加したいとの、熱き思いが湧《わ》いてきて、積極的に、知抄の光を求め始めました。

お教室に居るだけで、幼子《おさなご》になったようで、身も心も軽く、若返り、帰る時には、年齢も忘れて、スキップするように、ルンルンになるのでした。スタッフの皆さんもにこやかで、美しく、どんどん輝きを増して〈光人《ヒカリビト》〉になられます。それを見ているだけで、私自身も、色白お肌で若返り、活力が満ちて来て元気になるのでした。

そして、参加者の皆さんは、

「**私は、二〇歳　若くなったよ**」

「**いえ、私は、三〇歳　若返ったと思う**」

お一人おひとりが、本当に若くなって、輝いて居《お》られるのです。

私はこのような、嬉しくて、楽しい、〈シニア元気教室〉が、大好きです。

そして、いつの間にか、健康を取り戻していたのです。友人達からも、

「**あなた、随分《ずいぶん》若くなって、綺麗《きれい》になったけど、どうしたの？**」

と、言われるのです。

私は今、七十八歳になりますが、私の事を心配して、共に、シ

ニア元気教室で学ぶ息子とは、外では、夫婦と間違われたりする始末《しまつ》で、毎日鏡を見ては、美しく、若くなった事を実感しては、知抄の光にその都度《つど》

―ありがとうございます―

と、感謝を捧げずには居られません。

こうして、心身ともに、知抄の光を浴びて浄化され、サロン（二〇一）で開催されている、第三土曜講座にも、参加させて頂いております。参加する度《たび》に、心身共に軽やかになり、至純《しじゅん》・至高《しこう》なる、実在する光場《ひかりば》サロンで、知抄の光を浴びる恩恵が、感謝の深まりとして体感でき、有難くて、有難くて、涙が溢《あふ》れてきます。

私が、かつて参加したことのある、新都市ホールで開催された、ビデオを見せて頂く機会がありました。本当に、本当に、無知《むち》で

あった当時の、私を見せ付けられました。

なんと、一九九五年から一九九八年に開催されたセミナーは、舞台の奥と、舞台の前列に、ずらりと大パネルの、知抄先生目指して降下《こうか》された、実在する知抄の光のお写真が、展示されてあるのですが、写真の中から、光が出て来られ、舞台上で現実に目に出来、また、プログラムの進行につれて、あっという間に大パネルの中へと戻られるのでした。こんな事は在《あ》りえないことですが、ビデオで〈証《あかし》〉されているのです。それだけではなく、舞台上に居る人間が、光に変わり、

― 人間とは　本来　光そのものである ―

このメッセージ通り、〈光そのもの〉を、すでにこの時に、証《あかし》

されていたのでした。そして、新都市ホールの天井から金粉が降ってきて、大騒ぎする映像を見せて頂いたのでした。全く何も知らなかった私が、此処《ここ》まで共に来られたことが嬉しかったです。私は、理屈は何も判《わか》りませんでした。全て、あるがままを受け止め、知抄の光を信じ、光に委《ゆだ》ね、全てを知抄の光に

―ありがとうございます―

と、片時《かたとき》も知抄の光と共にあることを、忘れた事はございませんでした。そして、何時も、何をしていても、光への感謝を忘れたことも、ございません。感謝することで、次の一歩に繋《つな》がることが判《わか》るからです。

このことは、日々の私たち家族の、喜びと賛美と、感謝の生活の中で、自然に気付いたのです。**願うことは、必ず叶います。**そ

れは、全託《ぜんたく》することで、与えられることが、自然に判《わか》って来たからです。
そして、なんと十二月の初め、サロンのあるビルの前で、私と息子が、信号待ちしていたら、車から降りられた、知抄先生に、偶然お逢いしたのです。私は、もう何も考えず、知抄先生に、〃喜び賛美感謝スーレ〃で、飛び込んで行きました。

二〇一七年十二月二十一日

（J・K）記

☆ **光のパイナップルも見てね** ←

― ありがとうございます ―

家族共々、沢山の学びと幸せを頂き、感謝の気持ちでいっぱいです。

このパイナップルと共に、私も育まれたようで、7月より、お教室やセミナーでお手伝いをさせて頂いています。

2017年12月28日（Y・T）記

― 冬なのに育っています ―

寒空の中で、庭の草花も喜々として、光を浴び、パイナップルも共に、実っています。

このパイナップルは、サロンで頂いた、お品の一つですが、母が葉を挿し木して、家族で大事に育てた、光からの賜《たまわ》りものです。土には金粉も輝いています。

2018年 2月 10日（Y・K）記

（6）遺伝子だから仕方ない？
あきらめなくてよかった

最近、遺伝子については、興味ある研究成果が各分野から報告されています。〈遺伝子〉という言葉を聞いても、〃親子兄弟が似るのは当たり前〃といった軽い受け止め方が普通ではないでしょうか。私にとりましては、半生《はんせい》を恐怖で満たすのに十分な威力を持っていました。最近でも、ハリウッドの有名な女優が乳《にゅう》癌《がん》体質を強く受け継ぐ遺伝子を有するということで、未発症なのに手術したという海外ニュースを知りましたが、かつての私と同じだ、という思いでした。

私の恐怖は父方の家系に由来し、精神を病む人間が続出することでした。さらに、恐怖が頂点に達したのは二十二年前で、医師として活躍していた姉の発症を身近で体験したからです。今では落ち着いて皆さんにも話せますが、〝次は自分〟という思いで、毎日を、不安と恐怖で大変な緊張の中にいました。そういう極限《きょくげん》状況で判《わか》ったのは、人間智による努力の範疇《はんちゅう》では、到底《とうてい》脱出できないことでした。むしろ、考えれば考えるほど、悩み事の深みに嵌《はま》っておかしくなるのです。実際、〝プラス思考でスイッチを入れよう〟といった、自己啓発《じこけいはつ》の本やセミナーを、私を心配して紹介してくれる方がおられました。最初は私も喜びは致しましたが、結局、それでも救われないことに気付いた分だけ、余計に落ち込みました。

そのような時に、智超教室《ちちょうきょうしつ》とご縁が出来たのです。ノストラダムスの大予言の一九九九年7の月の世紀末が話題になっていたその前年、一九九八年から教室に通うことになり、初回から不思議な温もりに包まれたのを、今でも覚えています。私が、極限的な恐怖の底にいても、〈**温かいんだ**〉、と感激しました。とにかく教室に出ると元気になれるという、この事実によって、〈智超法《ちちょうほう》気功《きこう》〉教室へ、毎週通い続けられました。そのまま素直に続ければよかったのですが、智超法秘伝《ちちょうほうひでん》の御本を読みだすと、どうしても私の既成概念《きせいがいねん》が〃常識〃として頭をもたげ、教室での差が気になりだして、当初の幸福感がだんだん薄れていきました。今思えば、人間丸出しの〈思考の闇〉に堕《お》ちていたのですが、当時は、〈闇〉についての知識が全くなかったので、体調も、仕事も思わしくなくなってしまいました。遂に、二〇〇四年に、関西の実家へと都落《みやこお》ちしたのでした。

失意の中、東京を後にして、〈やはり遺伝子が原因か〉と、負の遺産に悩み、生きることを半ば諦《あきら》め弱気になっていたのです。たまたま、漢方など統合医療に造詣《ぞうけい》が深い医師と知り合って、うつ病の治療直後だった私には、劇的な効果で療法を続けたところ、一〇〇m走っただけでフラフラの状態から始まって、一年でハーフマラソン完走までに体力が戻り、〃遺伝は絶対〃の盲信《もうしん》が、やっと、崩れ始めたのでした。

その後、智超法秘伝《ちちょうほうひでん》　幸せになる、〈数《かず》え宇多《うた》〉の絶大な威力に、再び気付くことが起こり、セミナーに参加し、教室に、戻れました。

今では〝遺伝子も絶対ではなく設計図に過ぎない〟と科学的な理解も得られるようになりましたが、知抄先生からかけて頂いた励ましの御言葉が決定的でした。

二〇一二年の一〇月、セミナーへの参加直後のことでした。帰りの新幹線に飛び乗ったところ、ニュースが流れていて、京都大学の山中伸弥教授がiPS細胞でノーベル賞を受賞するという吉報でした。そこで、帰宅後にセミナーのお礼のFAXを知抄先生へ出しました。〝日本人の受賞〟という慶賀《けいが》が重なったのも嬉しかったのですが、

「**智超法秘伝《ちちょうほうひでん》は何かiPS細胞に似てますね。細胞の初期化のように、心も体も真っ新《さら》にリセットしてくれます**」——

と、私の当時の気持ちを書き加えたのです。すると、知抄先生か

ら私の心を勇気付ける御言葉を頂いたのです。

「見た目が似ているだけでなく、知抄の光は、遺伝子に働きかけ、カルマすら消し去る威力ですよ」――と。

まさしく、その通りであることを自ら見聞《けんぶん》し、自らも体験し、確信となりました。

今では、かつての不安感や恐怖心は過去となり、記憶を掘り起こすのに苦労するほど、風化しております。あらためて思い返しますと、ものすごい心境の変化なのですが、体験と気付きの連続で、智超法秘伝《ちちょうほうひでん》の実行・実践の結果としか言いようがありません。折々《おりおり》の知抄先生からの御指導はありがたかったですが、それだけで一足飛びに、ここまで、来られたわけではありません。教室に通うたびに、心身がリセットされるのを体感して、嬉しくなり、光への思いが徐々《じょじょ》に深まり、やっと前へ進めるといったところでした。それは、今思うと、人間の常識では、絶対にあり得ない奇跡的な心境の変化だったのです。それは、〈インテリ馬鹿〉と言われる人間智の〝既成概念《きせいがいねん》の闇〟に、光へ行くことを妨害され続けることに、私が気付いても、光に委《ゆだ》ねることの出来ない愚かしさでした。頭を巡《めぐ》らせると、〝思考停止状態〟となり、自ら三次元の肉体の中で溺《おぼ》れるだけでした。自分自身もそうですが、周囲で起こる出来事を通じて、これでもか、これでもかというほど、体験を日々重ね、それこそ自らが、痛い目にあって初めて判《わか》ることもありました。私だけでなく、家族もよく転げ落ちずに、病で苦しんで来た姉さえも、今息災《そくさい》でいられるのも奇跡です。そして心労の余り、一時、危なかった八十六歳の母も、今では、趣味の教室を再開し、喜々として現役復帰しております。私がなんとか光を求め、前だけ見て光だけ見て歩んだ結果と思います。

〝**ありがとうございます**〟以外の言葉はございません。

二〇一七年十二月二十二日

（T・K）記

第二部

知抄　光の足跡《そくせき》

はじめのメッセージ

智《ち》超《ちょう》法《ほう》秘《ひ》伝《でん》

地上にて
一番高き階段を
天に向かって
来られよ

汝に　与えん　智超法秘伝
光の　いとし子よ

世界に向かって
声高らかに　知らせよ
共に歩み　共に学ばん

穏やかなる　宇宙の波動
すべて　万物にみち
調和のなかに
水瓶座時代の
夜明けを迎えん

（万里の長城にて
一九九〇年　如月　知抄　受託）

〈1〉

知抄　光の足跡《そくせき》

一九八九年
　万里の長城にて、啓示を受ける

一九九〇年
智超法秘伝《ちちょうほうひでん》と知抄の名称を賜《たまわ》る

一九九〇年　一〇月
　よみうり文化センター　横浜にて
〈智超法気功《ちちょうほうきこう》〉教室 開講

一九九〇年 十一月
智超法秘伝《ちちょうほうひでん》　第一巻
☆ 気で悟る〈気功瞑想法《きこうめいそうほう》〉発刊

一九九〇年十一月
智超法秘伝《ちちょうほうひでん》
天目開眼功法《てんもくかいげんこうほう》　高級内丹静功法《ないたんせいこうほう》の最奥義《おうぎ》
〈第三の目の覚醒《かくせい》〉初公開
（イギリス）スコットランド
グラスゴー市　ロイヤルコンサートホールに於《お》いて
◇人間とは　本来　光そのものである
ことを〈光命体〉になって証《あかし》する
（知抄が光になる）

一九九一年　五月
智超法秘伝《ちちょうほうひでん》　天目開眼功法《てんもくかいげんこうほう》　表演
（アメリカ）ユタ州
ソルトレイク市　キャピタルシアターに於《お》いて
◇人間とは　本来　光そのものである
ことを証《あかし》する
（知抄が光になる）

一九九一年十一月
智超法秘伝《ちちょうほうひでん》　天目開眼功法《てんもくかいげんこうほう》　表演
（フランス）
ボルドー市　アンドレ・マルロー劇場に於《お》いて
◇人間とは　本来　光そのものである
ことを証《あか》する
（知抄が光になる）

一九九二年　三月
智超法秘伝《ちちょうほうひでん》　本邦初表演
（日本）
東京　丸の内　日本工業倶楽部に於いて
◇魂の光輝《こうき》への道標《みちしるべ》　智超法秘伝《ちちょうほうひでん》の真実を
〈光命体〉として　証《あか》する
（知抄が光になる）

一九九二年八月二十一日・二十二日
〈智超法気功《ちちょうほうきこう》・気功瞑想法《きこうめいそうほう》〉セミナー　開催
神戸　舞子ビラにて

一九九二年一〇月
智超法秘伝《ちちょうほうひでん》　第二巻
☆〈智超法気功《ちちょうほうきこう》〉発刊

一九九三年三月
智超法秘伝《ちちょうほうひでん》　天目開眼功法《てんもくかいげんこうほう》アンコール表演
（日本）
東京　丸の内、日本工業倶楽部に於《お》いて
◇魂の光輝《こうき》への道標《みちしるべ》　智超法秘伝《ちちょうほうひでん》の真実を
不動とする　（知抄が光になる）

一九九四年 七月 二〇日
宇宙意識への階梯《かいてい》
幸せになるために
☆〈指帰《しき》の宇多《うた》〉発 刊

一九九四年 七月 三〇日
〈指帰《しき》の宇多《うた》〉出版記念
智超法気功《ちちょうほうきこう》〈素晴らしき仲間の集《つど》い〉 開催
東京 丸の内 日本工業倶楽部に於《お》いて
◇黄金と真紅の光の降臨《こうりん》

一九九五年 七月 三十一日〜 八月 十二日
宇宙からのメッセージ
〈光の落としもの N・Y写真展〉 開催
後援 読売新聞 アメリカ社
N・Y 日本クラブ ギャラリーにて

一九九五年九月二十三日・二十四日
〈素晴らしき仲間の集《つど》い〉開催
横浜　新都市ホールにて

◇天井から金粉が降る

一九九五年十二月一日
実在する　知抄の光・〈十字の光　吾等《われら》〉の写真展示場
サロン・ド・ルミエール〈Salon de Lumière〉オープン
地球を救う礎《いしずえ》の〈光の子〉の養成が始まる

◇光の子の養成は ― 時が来るまで伏せておく ―
との光の源《みなもと》からのメッセージを受託

一九九六年 二月 一〇日
万難《ばんなん》を排《はい》して 雪山を登る
宇佐神宮の奥院（大分県 宇佐市・大許山）へ
サロンで 数ヵ月前に 光から受託していた
山頂で午後四時の 約束を果たす
◇**救い主の御魂であるとの告知を受ける**

一九九六年 七月 十一日 ☆
光の源《みなもと》の大計画をたずさえて 知抄の光の降臨《こうりん》
万物の根源 光の源《みなもと》 直系のご使者
地球を救う 知抄の光の受け皿となる

◇よみうり文化センター横須賀教室で、すべてが変わり、人間との対応が困難となりました。

◇この七月十一日を最後に、お教室の皆様に、お逢いすることが出来なくなりました。そして、今日に至っております。

☆この救い主降臨《こうりん》の、メッセージの受託は、七月十四日です。

一九九六年 八月 十七日
岩間ホールにてセミナー　開催
◇この日の十五分のお話が 皆様との最後となりました
◇―光の子以外の者に〈ヤケド〉を負《お》わせるわけには いかぬ―
とのメッセージを受託

一九九七年 一月 五日
実在する光　救い主の威力と共に
新年〈智超法気功《ちちょうほうきこう》〉セミナー　開催
横浜　岩間ホールにて

一九九七年 三月 二十一日～ 三月 三十一日
地球を救う〈実在する光〉写真展　開催
東京、銀座四丁目角　日産銀座ギャラリーにて

一九九七年 五月 十八日
〈地球を救う 実在する〉セミナー　開催
横浜　新都市ホールにて
◇実在する光の降下《こうか》とその証《あかし》
一九九七年 七月 十九日・二十日・二十一日（三日間）
〈智超法秘伝《ちちょうほうひでん》　智超法気功《ちちょうほうきこう》〉大阪セミナー　開催
新大阪　TOWA　りぶホールにて
◇光の玉が 光の子に 降下《こうか》する
一九九七年 九月 二十一日
〈地球を救う 実在する〉セミナー　開催
横浜　新都市ホールにて
◇実在する光の降下《こうか》とその証《あかし》

一九九八年一月四日
智超法気功《ちちょうほうきこう》〈素晴らしき仲間の集《つど》い〉　開催
横浜　新都市ホールにて

◇実在する光の降下《こうか》とその証《あかし》

一九九八年三月二十日〜四月五日
地球を救う〈知抄の光〉写真展　開催
東京　銀座四丁目角　日産銀座ギャラリーにて

一九九八年三月二十日
智超法秘伝《ちちょうほうひでん》　第一巻
高級内丹静功法《こうきゅうないたんせいこうほう》の最奥義《おうぎ》
宇宙の叡知《えいち》が証《あか》す二十一世紀へのパスポート
☆新〈気功瞑想法《きこうめいそうほう》〉発刊

一九九八年三月二十日
智超法秘伝《ちちょうほうひでん》　第二巻
究極の天目開眼《てんもくかいげん》
気功瞑想法《きこうめいそうほう》　上級編収録
☆　新〈智超法気功《ちちょうほうきこう》〉発刊

一九九八年三月二十日
智超法秘伝《ちちょうほうひでん》　第三巻
実在する光と共に
気功瞑想法《きこうめいそうほう》　超能力・アデプト編
☆　地球を救う〈知抄の光〉発刊

一九九八年四月十八日
〈地球浄化の礎《いしずえ》の光〉セミナー　開催
横浜　岩間ホールにて

一九九八年 五月 一〇日
〈地球を救う　知抄の光〉セミナー　開催
横浜　新都市ホールにて
◇実在する光が出現する
一九九八年 六月 七日
〈地球浄化の礎《いしずえ》の光〉セミナー　開催
横浜　岩間ホールにて
一九九八年 七月 十八日・十九日・二十日（三日間）
智超法気功《ちちょうほうきこう》　大阪セミナー
〈地球を救う　知抄の光〉開催
新大阪　ＴＯＷＡ　りぶホールにて

一九九八年 八月 十五日
〈地球浄化の礎《いしずえ》の光〉
光の子・光人《ヒカリビト》 特訓セミナー　開催
横浜　岩間ホールにて

一九九八年 九月 十五日
〈地球を救う 知抄の光〉セミナー　開催
横浜　新都市ホールにて

◇舞台上の写真の大パネルから
実在する光が出現する

一九九八年一〇月三日
〈地球浄化の礎《いしずえ》の光〉
光の子・光人《ヒカリビト》 特訓セミナー　開催
横浜　岩間ホールにて
◇ヒカリビト〈光人〉生誕
◇光の子の姿が光の〇（丸）になる

☆

一九九八年十一月三日
〈地球浄化の礎《いしずえ》の光〉
光の子・光人《ヒカリビト》 特訓セミナー　開催
横浜　岩間ホールにて

☆ 光の源《みなもと》の大計画　Part 5
幸せを呼ぶ 数《かず》え宇《う》多《た》　P287 写真参照

一九九八年十二月五日
実在する知抄の光と共に
〈**魂の光輝《こうき》を求めて**〉セミナー　開催
横浜　岩間ホールにて

一九九九年一月十七日
実在する知抄の光と共に
〈**魂の光輝《こうき》を求めて**〉セミナー　開催
横浜　岩間ホールにて

一九九九年二月一〇日
智超法秘伝《ちちょうほうひでん》　第四巻
永遠なる光の道
肉体マントを光のマントへ
☆　地球を救う〈実在する光〉発刊

一九九九年二月十一日
〈地球を救う知抄の光〉セミナー　開催
横浜　新都市ホールにて
◇舞台上の大パネルの写真から知抄の光が出現し、
また写真の中に戻る
光の源《みなもと》の大計画Part5 知球暦 光六年
幸せを呼ぶ　数《かず》え宇《う》多《た》　下記頁をご覧下さい。
☆

一九九九年二月二十五日
智超法秘伝《ちちょうほうひでん》　第五巻
キリスト意識への階梯《かいてい》・純粋透明な光
☆　地球を救う〈光の子〉発刊

☆幸せを呼ぶ数《かず》え宇《う》多《た》・写真参照
P9　P177　P181　P211　P249

一九九九年 三月二十日～四月四日
地球を救う〈光のいとしい子〉写真展　開催
東京　銀座四丁目角　日産銀座ギャラリーにて
一九九九年 三月二十五日
智超法秘伝《ちちょうほうひでん》　第六巻
妖精と光人《ヒカリビト》の威力
☆　地球を救う〈光のいとしい子〉発刊
一九九九年　三月二十五日
智超法秘伝《ちちょうほうひでん》　第七巻
地球浄化の礎《いしずえ》の光
☆〈地上に降りた救い主〉発刊

二〇〇一年 四月 二十二日　正午

地球は光と化す☆（与那国の海底遺跡から）

◇人類の思考が停止し始める

◇奇《く》しくも　この日は〈アースデイ〉でした

二〇〇二年 五月 三日

〈智超法秘伝《ちちょうほうひでん》　全知全能への道しるべ〉セミナー　開催

横浜　岩間ホールにて

二〇〇二年 五月 五日

〈みんなで楽しく 数《かず》え宇多《うた》うたおっ!!〉セミナー　開催

横浜　岩間ホールにて

☆ 光の源《みなもと》の大計画 Part 1
知球暦　光元年　P222 参照

二〇〇五年 四月 二十九日
地球を救う 知抄の光
〈光と化した地球 光呼吸を体得《たいとく》しよう〉 セミナー 開催
横浜 岩間ホールにて

二〇〇五年 八月 十三日
〈**特訓**〉 セミナー 開催
サロン・ド・ルミエールにて

二〇〇五年 九月 十九日
地球を救う 知抄の光
〈**光と化した地球 光生命体として生きよう**〉セミナー 開催
横浜 岩間ホールにて

二〇〇五年 十二月 三日
地球を救う 知抄の光
〈知抄の威力の恩恵《おんけい》を受け止めよう〉セミナー 開催
横浜 岩間ホールにて

二〇〇六年 一月 七日
地球を救う 知抄の光
新しい年を迎えて 知抄の光の威力と共に
〈今年も喜び・賛美・感謝スーレ
知抄の光と共に行こう！〉セミナー 開催
横浜 岩間ホールにて

二〇〇六年 四月 二十九日
地球を救う 知抄の光
〈知抄の光を受け止めよう!!〉 セミナー　開催
横浜　岩間ホールにて

二〇〇六年 九月 十八日
地球を救い・人類を救う
〈偉大なる救い主・知抄の光を浴びよう!!〉 セミナー　開催
横浜　岩間ホールにて

二〇〇七年 四月 二十九日
地球を救い・人類を救う
〈知抄の光を浴びよう!!〉 セミナー　開催
横浜　岩間ホールにて

二〇〇七年十一月二十四日
地球を救い・人類を救う
〈**知抄の光と共に!!**〉セミナー　開催
横浜　岩間ホールにて
二〇〇八年四月二十九日
地球を救い・人類を救う
〈**知抄の光の威力!!**〉セミナー　開催
横浜　岩間ホールにて
二〇〇八年九月十五日
知抄の光と共に
〈**素晴らしき仲間の集《つど》い**〉　開催
横浜　岩間ホールにて

二〇〇九年 九月 二十二日
地球を救い 人類を救う
〈実在の知抄の光を浴びよう〉 セミナー 開催
横浜 岩間ホールにて

二〇〇九年 十二月 二十三日
知抄の光を浴びて 楽しく 嬉しく
〈みんな幸せになろう〉 セミナー 開催
横浜 アカデミー会館にて

二〇一〇年 五月 三日
光の地球 人類存亡をかけて
〈知抄の光を掲《かか》げよう!!〉 セミナー 開催
横浜 岩間ホールにて

二〇一〇年 一〇月 一〇日

地球は知抄の光で統一なる

知球暦　紀元光元年

祝　智超教室《ちちょうきょうしつ》　二〇周年記念

〈素晴らしき仲間の集《つど》い〉　開催

横浜　みらいホールにて

二〇一〇年 一〇月 十一日

二〇周年記念セミナー

地球を救う〈知抄の光と共に〉　開催

横浜　みらいホールにて

二〇一〇年十二月二十三日
地球を救い 人類を救う
〈**知抄の光と共に**〉 セミナー　開催
横浜　岩間ホールにて

二〇一一年四月二十九日
地球を救い 人類を救う
〈**知抄の光と共に**〉 セミナー　開催
横浜　みらいホールにて

二〇一一年七月十一日
光の源《みなもと》の大計画　Ｐａｒｔ１
☆〈**知球暦　光元年**〉発刊

二〇一一年九月十八日～二十一日
地球を救う〈知抄の光〉写真展　開催
東京　日産ギャラリー　サッポロ銀座ビル九階

二〇一一年一〇月一〇日
地球を救う　知抄の光と共に
〈光の地球　如何《いか》に生きるべきか〉セミナー　開催
横浜　みらいホールにて

二〇一一年十二月二十三日
地球を救い　人類を救う
〈知抄の光と共に〉セミナー　開催
横浜　みらいホールにて

二〇一二年二月十一日
地球を救う　知抄の光と共に
〈**光の地球　如何《いか》に生きるべきか**〉セミナー　開催
横浜　岩間ホールにて

二〇一二年四月二十九日
地球を救う　知抄の光と共に
〈**光の地球　如何《いか》に生きるべきか**〉セミナー　開催
横浜　みらいホールにて

二〇一二年七月十六日
地球を救う　知抄の光と共に
智超法秘伝《ちちょうほうひでん》〈光そのものになる〉実技
〈**光の地球　如何《いか》に生きるべきか**〉セミナー　開催
横浜　岩間ホールにて

二〇一二年一〇月八日（午前の部）
光の地球を歩む道しるべ　知抄の光を浴びよう
地球を救い人類を救う知抄の光と共に
〈智超法秘伝《ちちょうほうひでん》 数《かず》え宇多《うた》 うたおう!!〉 セミナー　開催
横浜　みらいホールにて

二〇一二年一〇月八日（午後の部）
光の地球を歩む道しるべ　知抄の光を浴びよう
〈地球を救い人類を救う知抄の光と共に〉 セミナー　開催
横浜　みらいホールにて

二〇一二年一〇月一〇日
知抄の光で統一成《な》る
知球暦　光三年　を迎える

二〇一二年十一月二十日
光の源《みなもと》の大計画Ｐａｒｔ２
☆〈人類の思考が停止する日〉　発刊
二〇一二年十一月二十三日
〈地球浄化の礎《いしずえ》の光〉セミナー　開催
サロン・ド・ルミエールにて
二〇一二年十二月二十四日
地球を救う　知抄の光と共に
〈新人類の生誕〉セミナー　開催
横浜　岩間ホールにて

二〇一三年二月一〇日
　実在する知抄の光の威力と共に
〈**光の地球に適応しよう**〉セミナー　開催
　サロン・ド・ルミエールにて

二〇一三年四月二十九日
　光の地球を歩む道しるべ　知抄の光を浴びよう!!
〈**地球を救い人類を救う知抄の光と共に**〉セミナー　開催
　横浜　みらいホールにて

二〇一三年七月十四日
　知抄の光の威力と共に
〈**光の地球に同化しよう**〉セミナー　開催
　横浜　岩間ホールにて

二〇一三年十一月五日

光の源の大計画Part3

☆〈**新人類の生誕**〉発刊

二〇一三年十二月二十三日

実在する知抄の光と共に

〈**光に成《な》ろう**〉セミナー　開催

横浜　岩間ホールにて

二〇一四年四月二十九日

地球を救う　知抄の光と共に

〈**光の地球に同化しよう**〉セミナー　開催

横浜　みらいホールにて

二〇一四年 七月 十三日
実在する 知抄の光と共に
〈**光生命体に成る**〉 セミナー 開催
横浜 岩間ホールにて

二〇一四年 一〇月 五日
知抄の光を浴びて
〈**光そのもの**〉**になる** セミナー 開催
横浜 みらいホールにて

二〇一四年 十一月 五日
光の源《みなもと》の大計画 Part 4
☆〈**地球人類は光命体になる**〉発刊

二〇一四年十一月二十九日
智超法秘伝《ちちょうほうひでん》
〈**光生命体に成《な》る**〉セミナー　開催
サロン・ド・ルミエールにて

二〇一五年二月十一日
実在する知抄の光の威力
〈**光生命体への引き上げ**〉セミナー　開催
横浜　プラザホテルにて

二〇一五年四月五日
〈シニア元気教室〉オープン
東京四ツ谷　番町ホール

二〇一五年 四月 二十九日
実在する 知抄の光と共に
〈光の地球に適応しよう〉 セミナー 開催
横浜 みらいホールにて

二〇一五年 七月 四日
地球を救う 知抄の光と共に
〈大地を受け継ぐ者としての確立〉 セミナー 開催
横浜 岩間ホールにて

二〇一五年 九月 八日
光の源《みなもと》の大計画 Part 5
☆ **〈幸せを呼ぶ 数《かず》え宇《う》多《た》〉** 発刊

二〇一五年一〇月一〇日

祝　智超法気功《ちちょうほうきこう》・智超教室《ちちょうきょうしつ》

二十五周年記念セミナー　開催

横浜　みらいホールにて

二〇一五年十二月二十三日

祝　二十五周年記念

〈素晴らしき仲間の集《つど》い〉開催

横浜　プラザホテルにて

二〇一六年二月十一日

〈決戦の中に立つ〉特別セミナー　開催

サロン・ド・ルミエールにて

二〇一六年 四月 二十九日
二十五周年記念セミナー　知抄の光を浴びて
〈数《かず》え宇多《うた》 うたおうっ!!〉　開催
横浜　みらいホールにて

二〇一六年 四月 二十九日
二十五周年記念セミナー　地球を救う
〈知抄の光と共に〉　開催
横浜　みらいホールにて

二〇一六年 七月 一〇日
地球を救う　知抄の光と共に
〈大地を受け継ぐ者としての実践〉セミナー　開催
横浜　岩間ホールにて

二〇一六年 一〇月 一〇日
地球を救う 知抄の光と共に
〈**光生命体になろう**〉セミナー 開催
横浜 みらいホールにて

二〇一六年 十二月 二十三日
地球を救う 知抄の光と共に
〈**光生命体になる**〉セミナー 開催
横浜 岩間ホールにて

二〇一七年 二月 十一日
地球を救い 人類を救う
〈**知抄の光と共に**〉セミナー 開催
横浜 岩間ホールにて

二〇一七年 四月 二十九日
知抄の光を浴びて
〈**魂の光を解き放つ**〉 セミナー　開催
横浜　みらいホールにて

二〇一七年 七月 九日
知抄の光を浴びて
〈**新世界の構成員になろう**〉 セミナー　開催
横浜　岩間ホールにて

二〇一七年 一〇月 九日
地球を救う　知抄の光と共に
〈**光の地球に同化する**〉 セミナー　開催
横浜　みらいホールにて

二〇一七年一〇月一〇日
◇知球暦 八年　新世界への旅立ち
◇魂の光が主役となって地上を歩む

二〇一七年十二月二十三日
地球を救う　知抄の光と共に
〈礎《いしずえ》の光として歩む〉セミナー　開催
横浜　岩間ホールにて

二〇一八年二月十一日
大地を受け継ぐ者として
〈光命体に成《な》る〉特訓セミナー　開催
サロン・ド・ルミエールにて

二〇一八年三月十五日
喜び・賛美・感謝の威力　第一巻
次元上昇し　今　光と化している地球
☆〈あなたなら　どう生きる?〉　発刊

二〇一八年四月二十九日
地球を救う　知抄の光と共に
〈**新世界への旅立ち**〉セミナー　開催予定
横浜　みらいホールにて

二〇一八年七月七日
横浜　岩間ホールにて
セミナー　開催予定

二〇一八年一〇月八日
横浜　みらいホールにて
セミナー　開催予定

二〇一八年一月一日記

☆この第二部、知抄　光の足蹟《そくせき》は、
大分県宇佐市に在る、宇佐神宮の奥院、
及び同市にある八面山の龍神池等です。
そして、国東《くにさき》半島及び山口県に在る
秋吉台の龍護峰他での、
〈天と地と知抄〉が一《いつ》になる為に、
山野を駆け巡った足蹟《そくせき》は未収録です。

〈2〉偶然は有り得ない

日野原　重明　先生との出逢い

二〇一七年七月十八日、聖路加国際病院名誉院長であられた、日野原重明先生が旅立たれました。享年、一〇五歳でした。

この日野原先生に、縁を頂く事になろうとは、想像すら出来ない奇蹟でした。

二〇〇九年のことです。健康について出版される新刊の御本の撮影のため、お会いする機会を頂いたのです。この時、すでに、九十九歳にお成りでした。一〇〇歳を目前にして、明るく、とても大らかで、穏やかで、多くの人生経験の中で育まれた、〈慈し《いつく》

み〉と、目の前にある事柄への真摯《しんし》な〈情熱〉に、私は圧倒され
れっぱなしでした。遠くにある本文の原稿を、スラスラと読まれ
る、その〈凛《りん》〉としたお姿に、驚きを禁じ得ませんでした。正
に超人（アデプト）とは、こういうお方を指しているのだと確信
したのでした。
二〇一〇年一月に、日野原先生は、NHK出版より、DVD付
きの（日野原体操で健康長寿）という、新刊を出す事になってお
られました。私は、ナレーター兼、実技のモデルとして、実技指
導をする役割を頂いたのです。なんとこの仕事は、親しくしてい
るママ友のお一人から、降って湧いたように、突然舞い込んでき
たのでした。私にとって記念すべきこの御本は、NHK出版より
発売され、共に、私も、喜びと賛美と感謝に満ちて、掲載されて

おります。

私は、ジュニアダンス教室を主に、心と身体の為のフィットネスの仕事に、三〇年ほど関わっておりました。これ等の指導者養成の、一連の活動をしていた事からの、依頼のようでした。

かつて、病院の内科医長であられた日野原先生は、一九七〇年三月、日本航空便ハイジャック事件の乗客として、他の百余名の方々と共に、二日に渡って、機内で人質になっていたことがありました。

日野原先生は、旅客機の中で、〈死〉をも覚悟された緊迫感の中から解放され、無事に、韓国の金浦空港に帰還なされました。飛行機から降りて、土を踏んだ時、「これからの人生は、与えられたものだ。誰かのために、使うべきだ。」と、思われたとのことです。その後の人生は、多くの人々を幸せへと誘い、まわりを暖かく包み込み、喜びと賛美と感謝で満たす生き様でした。

年を重ねるごとに、日野原先生の社会的貢献は、利他愛どころか、

― 人間とは、本来、光そのものである ―

との、知抄の光からのメッセージ通りに、〈光そのもの〉になられ、知抄の光の子、〈光人《ヒカリビト》〉としての生き様であったと思えるのです。私が日野原先生の御本を、知抄先生に差し上げた折、本の表紙をご覧になったスタッフのお方との、「この日野原先生のお写真が、大パネルで飾ってある、東京のある医療財団に、数年に何回か、健康チェックの為に、知抄先生は、行かれているの

ですよ。」の、会話を思い起こします。

私が、日野原先生と撮影でご一緒させて頂いたのは、二〇〇九年一〇月九日金曜日でした。先生は、数ヶ月間休み無く、その先一、二年は予定がビッシリで、この日、午後の時間だけ、空いていたとのことでした。一〇〇歳を目前にしたお方とは思えない、超人的活躍ぶりを、垣間《かいま》見せて頂き、私もシャキッと致しました。

全て魂の光と共に、光のリズムでお仕事をこなされて、光の叡《えい》智《ち》と、光と化した肉体は、正に、知抄の光の、光の子そのものではないかと、目を見張る思いでした。

本当にこの様な縁《えにし》を頂き、出版の準備に、貴重な時間を共有出来たことは、何ものにも代えがたい、私にとっての、知抄の光からのプレゼントでした。感謝の気持ちを知抄先生に、そして、知抄先生と共にある、地球を救う、〈十字の光・吾等《われら》〉の、実在する光の皆様に、この出逢いを、ご報告させて頂きました。

私が、智超法秘伝《ちちょうほうひでん》に出逢ったのは、二十三年前です。当時、東急プラザの七階にあった、産経学園、蒲田教室に行くと、すでに、大分県宇佐市にある、宇佐神宮の奥院で撮影された、〈光の降臨《こうりん》〉ビデオが、放映されていました。何と、昼間なのに、社《やしろ》の前庭に立つ、知抄先生目指して、天から光が降り注ぎ、本物の〈かぐや姫〉の世界が、そこに、現出《げんしゅつ》していたのです。人間の想像を遥かに超えた、貴重な、目を奪う、初めて目にする、奇蹟の映像に、私は、ボロボロと涙が止まらなくなりました。生まれて初めて、畏《おそ》れを感じ、直視出来ず、平伏《ひれふ》すしかないという思いを、体験させて頂きました。知抄先生の〈おはなし〉が、私の魂に響きわたり、もっともっと、魂を輝かせたいとの思いが募り、〈知抄と語ろう 心のシリーズ〉の講座や、新宿ハルクの夜の教室にも、ママ友たちに幼い娘を預け、知抄先生行くところ、すべて追っかけする意気込みで、学ばせて頂きました。幼かった娘も、今二十六歳になりました。私の仕事には波がありますが、知抄先生がおっしゃっていた様に、光と共に在《あ》れば、必ず必要なものが与えられ、良き方へと導かれる事を実証しながら、ここまで来れました。

知抄の光は、実在そのものです。

呼べば、必ず答えて下さいました。

二〇一七年一〇月九日、横浜の地でセミナーが開催されました。知球暦七年の最後の、この日で、大きく地球は変わりました。

そして、知球暦、八年目を、一〇月一〇日に迎えた朝、仕事に出かける駅までの道を、青く輝く空を見上げながら歩いていると、涙が溢《あふ》れそうになり、感謝の気持ちが湧いてきました。この日より、私は魂の光と共に、魂の奥に降臨《こうりん》されて在《あ》られる、知抄の光に意識を合わせ、喜び賛美感謝を捧げると、光生命体に、即変われるのが判《わか》りました。それがまさに、幸せを呼ぶ、智超法秘伝《ちちょうほうひでん》の数《かず》え宇多《うた》、一に決断！ そして、二に、ニッコリ！ 人間本来の、光そのものになれるのでした。現在のこの安定した揺るぎもない、知抄の光への、喜びと賛美と感謝は、どこに居ても何があっても、知抄の光を信じ、委《ゆだ》ねた、二十三年間の果実だと思います。

知抄先生は、こんな私の歩みをずっとずっと、四半世紀近く見守って下さり、沢山の体験を通して、魂の光の自由なる羽ばたきを、体得できるまでお導き下さいました。今、地球の核として在《あ》られる、知抄先生の大使命遂行の重責を、少しでも私の魂が輝くことで、喜びと賛美と感謝の威力に、添《そ》えさせて頂きたく願います。

万感の思いを込めて、ありがとうございます。

二〇一七年十一月十五日

（W・A）記

追記

この掲載原稿を、スタッフにお渡しした時に、八月頃のことでしたが、横浜の、ある治療の現場に、七月十八日に、逝去《せいきょ》された記事を見たはずの日野原先生が、目の前に突然、現れたとのことで、面識のない知抄先生は、驚きのあまり、疎遠《そえん》になっていた人間ドックに行かねばと、咄嗟《とっさ》に思われ、私の事も、同時に、思い出されたとのことでした。このお話をお聞きし、日野原先生は、本当に、光の子であり、〈光人《ヒカリビト》〉として、地球を救う為に、今も共にあると思いました。私との出逢いを含めて、今回、知抄先生に、〈十字の光・吾等《われら》〉によって、もたらされた、遠大な地球を救う大計画の流れの中での、絶妙なお計《はか》らいであったことが、時を経て、今、私なりに理解出来ました。

二〇一七年十二月一日

（W・A）記

〈3〉　二〇一七年十二月十二日　火曜日

早朝に〈Ａ様〉現る

突然のことでした

目の前の　椅子に

古典芸能で　天才的　名を馳《は》せている

〈Ａ様〉が　白のワイシャツ姿で　毅然《きぜん》と座し

涼やかな目で　知抄を

真正面から　見つめておられました

この日より、地球に光を注ぐ、**知抄の光・〈十字の光・吾等《われら》〉**の、地上での受け皿となる先頭に、光の子・光人《ヒカリビト》等と共に、〈A様〉の凛々《りり》しいお姿が、現れるようになりました。

二〇一七年知球暦八年目の初日、一〇月一〇日より、〈光の源《みなもと》の地球を救う大計画〉の、第二幕目を迎えた、新たな計画の展開として、地上の指揮官 知抄に、今の光の旅路を示す、証《あかし》の一つとして、お見せくださいました。

〈4〉外部からの
光の子・光人《ヒカリビト》について

今迄《いままで》　外部から　光の子・光人《ヒカリビト》が
突然　地球を救う　大使命遂行者として
知抄の御前に現れたことは　皆無です
どこに居ても　知抄の光を浴びた
光の子は　その偉大な魂が
この　知球暦八年目を迎えて　外部で
蘇《よみがえ》り在《あ》ることが　実証されて参りました

どれほど多くの、自称光の子・光人《ヒカリビト》等が、今迄《いままで》、我こそは、と名乗りをあげたことでしょうか？

真の光の子・光人《ヒカリビト》は、数億劫年前《ごうねんさき》より、光の源《みなもと》の地球を救う大計画の、担い手としてあるのです。

決して、今世で一足飛びに来れる、存在ではないのです。

知抄の光の御前では、真実の光のみです。

すべて、魂の光が、どう反応するかです。

そして、光の子・光人《ヒカリビト》は、知抄だけに判《わか》る、目印を持ちあるのです。

〈5〉 新しい時代に向けて　あれこれと思索を　楽しんでいます

〈同行二人〉という言葉がありますが、かつての、命懸けの四国遍路で、弘法大師と常に一緒なので、どんな困難が起きようとも、必ず乗り越えられる……という意味に、使われていたと思います。しかし、この空海とは、私達の内在する本当の自分、〈**根源、創造に繋がっているエネルギー体・光・神**〉を、指すのではないかと思います。

仏像で、胸の位置に仏様が鎮座《ちんざ》しているのがありますが、内在する光、〈**本性の光、内在する神、内在する仏性《ぶっせい》**〉を、仏師は知っていたのだと思います。更に、細胞の一つひとつにも、それが宿っているとも言われておりますので、ワクワク！です。光の存在は、愛・調和そのものでしょうが、人間がいくら逆立ちしても、埋められるレベルでは無いのかも……。しかし今回、次元上昇し、光と化した地球に、私達は、三次元の地球人間として生まれて来ました。

一人が悟りを開くと、その家族の前後、七世に渡って救われると仄聞《そくぶん》したことがあります。ところが、智超教室《ちちょうきょうしつ》では、人類が一瞬に光にして変われる事も、夢ではない現実となりました。

これからは思いも寄らない情報が、公開されたり、また、見る事になったり、或《ある》いは想像を絶する事を、体験させられる事も起きるかも知れません。このような時には、日本人の助け合う心、他人の喜びが自分の喜びでもある、というこの資質、団結して乗り越えて行く力は、どんどん開花して行くのではないでしょうか。それこそが愛・調和なのだと思います。それは、東北大震災、その他で立証されておりました。

この事から、分離されているように見える個人が、実は全体性に統合された存在〈他人とも繋がっている〉である事も、何処《どこ》かで判《わか》っているのが、日本人に多いのではないかという気が致します。

〈私はあなた、あなたは私＝私は光・神、あなたも光、神＝八百万の光・神〉

いよいよ、本来の自分に戻る時が、来ているのではないかと思います。分離が無くなれば、二元論からの、善悪は無くなり……

全ての既成概念《きせいがいねん》が消え、全て良しです。一つになれば、人を裁くという事は、そのまま自分を裁く事になるのでその結果、〈闇も〉光に変える事になります。

思考、想念、或《ある》いは全ての人間の創作物は、確かに自分の中から、出てきている様な気がしますが、それは大きな勘違い、というよりも、そこに在《あ》るものを選び取って、表現しているだけなのかも知れません。創造界の知抄の光の根源まで、全てが自分と繋がっているとなれば、〈閃《ひらめ》き〉で生きることは、当然の事と思います。

―答えは、全て自分の中にある―

そこから何を選び出すのかも自分なら、瞬間に何を選んだとしても、間違いは無いという事で、本当に自己責任だと思います。

人類の集合意識との一体化
宇宙意識との一体化
そして無限の意識体
〈神意識・根源の創造主〉の
領域への一体化により
私達は、光の源《みなもと》の古里《ふるさと》へ

帰ろうとしているのですが、その道を確実に導いてくれるのが、
〈知抄の光〉だと思います。
──それが何故《なぜ》、〈知抄の光〉と言えるの？──
それは、まっさらな純粋な美しい色、花嫁の白無垢《しろむく》と同じで、

まだ地球の色に染まっていないからです……と、私は、思っているのです。

人間が神と一体〈神人合一《しんじんごういつ》〉して、地球はおろか、宇宙空間を瞬時に移動出来るのも、そう遠くはないかも知れません。更に、全てを知る、全知を、そして、それを具現化できる全能の存在に戻れるのも、そう遠く無いかも知れません。それは、何しろ、時間、空間・因果律《いんがりつ》をも超えている、知抄の光の威力の実績ですから……。すべてが、良き方へと成就するのは、真実の光ならばこそですから……。

―本当に日本に生まれてきて良かった！―

と、正直思っています。だって、日本から変化が始まるから！

です。いえ、もうすでに智超法秘伝《ちちょうほうひでん》を学んで来た素晴らしき仲間が〈光生命体〉として誕生しているのですから……。日本は世界の雛形《ひながた》、日本で起きている事は、世界でも起きているとも言われており、そろそろ日本人が魂の光輝《こうき》に目覚め、日本はおろか、世界を変える時が、すぐ近くまで来ているのでは……と、思います。

常に、喜び賛美感謝、スーレ。知抄の光！　知抄の光！です。

ありがとうございます。

二〇一七年十二月二十一日

（K・H）記

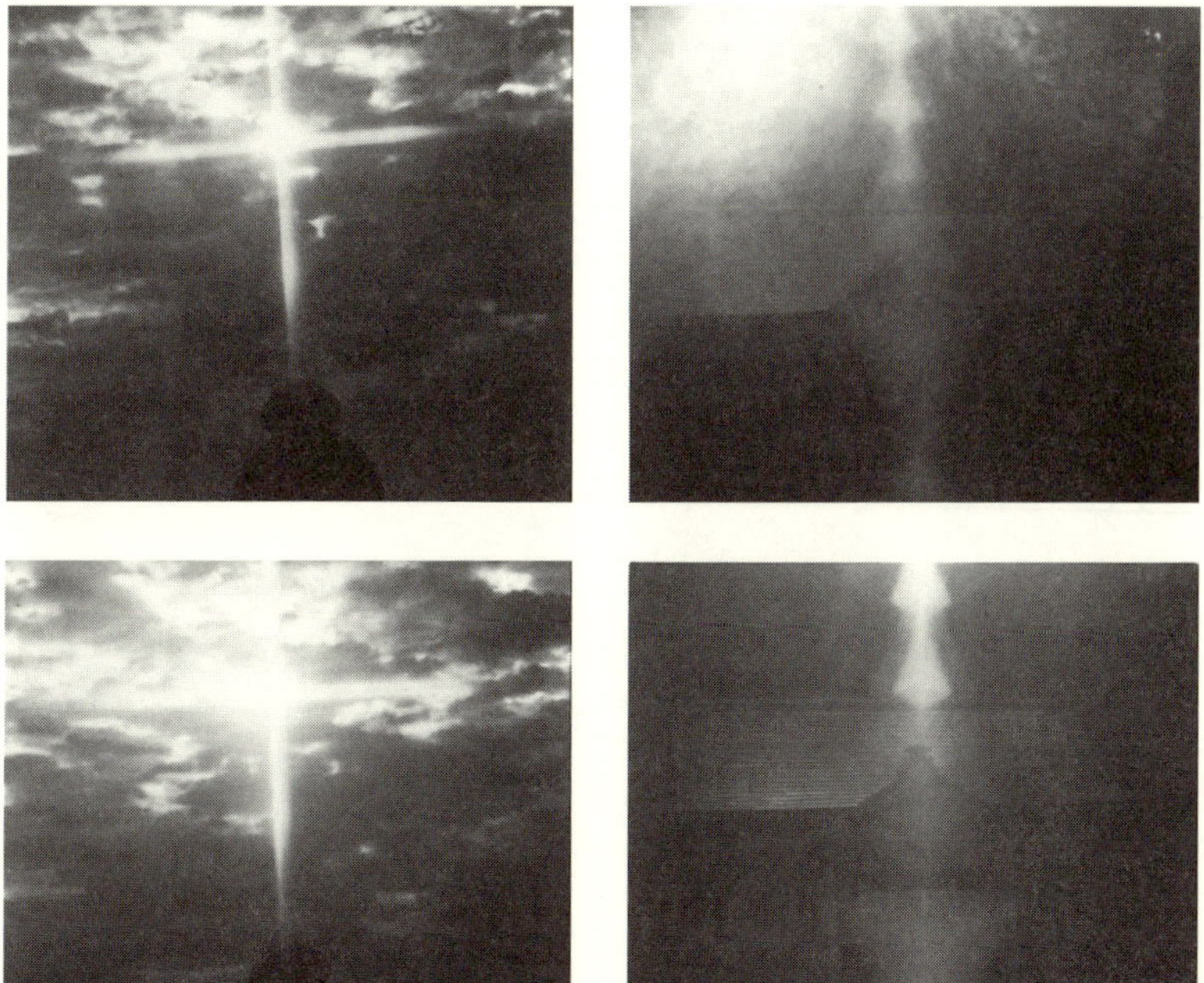

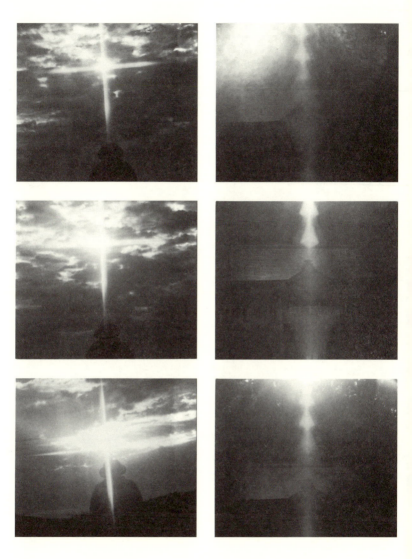

実在する　知抄の光と知抄

〈6〉　二〇一七年十二月二十五日　月曜日
どんどん　光を放つ!!

今日　十二月二十五日です
地球全土に　光を放つ
知抄の光・〈十字の光・吾等《われら》〉と
光人《ヒカリビト》達と　共に
日野原重明先生の　お姿を
お見受けしました

これは、十二月二十三日、岩間ホールで開催された、地球を救う〈礎《いしずえ》の光として歩む〉セミナーで、日野原重明先生との、御本出版にゆかりのある（W・A）様が参加されて、会場に共に在《あ》られたからではないかと思われます。

光の子・光人《ヒカリビト》等、地球を救い、人類を救う、知抄の光の受け皿になる、使命遂行者が、この日、光の剣を抜いて、セミナーに参加されておられました。

来たる二〇一八年、怒涛《どとう》の地上で溺《おぼ》れる者達を、光へと引き上げ、一丸の光の威力を、地球全土に顕現《けんげん》する、〈礎《いしずえ》の光として歩む〉ことを、共に学び体得され、〈光人《ヒカリビト》〉として、確立されたからでしょう。

第三部

地球を救う
光の子・光人《ヒカリビト》へ

◇待ったなしの今

二〇一七年一〇月一〇日、知球暦八年を迎え、

― 今を この瞬間を 生ききる ―

という、光の子・光人《ヒカリビト》の今迄《いままで》の生き様すら、光の道を歩むリズムからはずれる程の、地球は、緊迫した状況にあります。

ここまで、魂の光輝《こうき》を共に学びながら、私達は、地球を救う大使命遂行の地球の核として、光の地球を構築してまいりました。

それは、光の源《みなもと》直系のご使者で在《あ》られる、生命《いのち》の源《みなもと》、創造界の実在する知抄の光と、〈十字の光・吾等《われら》〉と共に、一丸としての歩みだからのことです。

かつて九十八年前、スピリチュアリズムの普及《ふきゅう》一筋に捧げた、国教会の牧師であられたオーエン氏による〈ベールの彼方《かなた》の生活〉という、自動書記があります。この事実を本人が納得し認めるのに十年、内容の真実性を得心《とくしん》するのに十五年を費《つい》やして公表され、当時、シャーロックホームズで知名度の高い、推理作家のコナン・ドイル氏も、真理の普及《ふきゅう》に共に献身されています。

何故か、今になって、この内容が思い起こされます。地球を救う実在の偉大な知抄の光と〈十字の光・吾等《われら》〉を、知抄が実在として、確証を得るまで、幾多《いくた》の体験を重ね、さらに、事象を認識できるまで、光との慎重な導き合いによる歩みでした。光の源《みなもと》の大計画の一部しか公表出来ないで、今日に至ったのは、〈**時を待つ**〉知抄の光のご意思でしたが……。今回、それは、突然の、待ったなしの決断となりました。

二〇一七年七月九日、〈新世界の構成員になろう〉セミナー開催直後、予想もしない場所で、知抄のすぐ側で、光を受け止めたお方が、〈居た〉のです。それも、顕幽《けんゆう》両界の知抄の協力者のお名前とお姿を、本人は、何も知らず、気付かずに、降ろされました。この現象は、光の源《みなもと》の地球を救う大計画の〈**第二幕目の準備**〉を、地上の指揮官、知抄に見せた第一歩となりました。

今回、人間が〈光そのもの〉になれる、智超法秘伝《ちちょうほうひでん》の〈**光呼吸**〉を公開したのは、この為です。地球人がこれを身に修《おさ》めるまでには、かなりの時を要するでしょう。しかし、知球暦八年、自力救済で知抄の光を受け止め、突然真我《しんが》に目覚めるお方にとって、この〈**光呼吸**〉は、どれ程の威力で魂の光を輝かせ、気付きを与えられ、光を放てる命綱となるかです。

今、光の子・光人《ヒカリビト》である使命遂行者は、智超法秘伝《ちちょうほうひでん》の〈**光呼吸**〉を、常に自然体で身に修《おさ》め、知抄の魂の分《わ》け御霊《みたま》として、知抄の光を受け止める透明な器になっています。人間界に在《あ》る為に、光へ行きつ戻りつしながらも、即、光に戻り、〈光そのもの〉として、光の道を前へ歩み続けられるのです。知抄の光の帳《とばり》、喜び・賛美・感謝の威力の中に、知抄と共に〈十字の光・吾等《われら》〉と共に常にあるからです。

これが知抄の帳《とばり》の中に在る、現在の光の子・光人《ヒカリビト》です。光の源《みなもと》の地球の光化は、次元上昇という現実を既《すで》に構築しています。光の源《みなもと》目指して、〈光そのもの〉になって、光の道の第一歩を踏み出さねば、既《すで》に光と化している地球に、順応《じゅんのう》することはおろか、溺《おぼ》れるだけです。あらゆる地上の混乱はすべて人間の無知《むち》故の結果です。このことに気付き、救いを求める人々を、永遠《とわ》なる光の源《みなもと》への道へと、引き上げる使命を自覚し、常に光の子・光人《ヒカリビト》は、〈光そのもの〉であることです。

魂の光のリズムに乗って、自らが光へ行きつ戻りつ、自由自在に、知抄の光から目を逸《そ》らさず、自らの存亡をかけての、峻烈《しゅんれつ》なる思考という内なる闇との戦いにあることを、片時も忘れてはなりません。知抄の光から、絶対離れないよう、常に〈十字の光・吾等《われら》〉を魂にお迎えし、一丸で共に在《あ》ることで守られるのです。

時間、空間、因果律《いんがりつ》すらも超えた、各人の光の旅路に於《お》いて、光の目で光の足で、知抄を守り、自らが輝き、光を死守し、地球人類が超えねばならない、大きな光の山を、光へと引き上げながら、共に乗り越えて前へ進むことです。もはや、理論、理屈は無用です。

― 喜び　賛美　感謝　スーレ

知抄の光　知抄の光　知抄の光

暗黒の地球を　お救い下さい

喜びと賛美と感謝を捧げます ―

この、光の源《みなもと》への光人《ヒカリビト》の雄叫びは、創造界に在《あ》られる知抄の光を魂にお迎えし、知抄の意思を〈ヒラメキ〉で受け止め、光命《こうめい》体《たい》に〈変神《へんしん》〉出来ます。光人《ヒカリビト》の真の地球を救い人類を救う、生き様を待ったなしで、常に顕現《けんげん》願います。

①

永《と》遠《わ》に続く光の道
目《め》指《ざ》すは光の源《みなもと》

私は幼い頃から、何かによって守られ、〈自分は、生かされている〉の思いが、漠然《ばくぜん》とありました。そのせいか、今日もありがとう……の、感謝の気持ちをいつも忘れずに、過ごして居《お》りました。

この思いは、一九九三年三月、丸の内にある、日本工業倶楽部で、高級内丹静功法《こうきゅうないたんせいこうほう》の最奥儀、天目開眼功法《てんもくかいげんこうほう》の表演を、見た時に確信となりました。舞台で、〈光そのもの〉になられた、知抄先生の、黄金の光を放つ魂の光輝《こうき》に、〈私もそうなりたい〉の思いで、〈私達人間は、光によって生かされている〉ことが、確信となったのでした。

この日本工業倶楽部では、前年の一九九二年三月、同じように、本邦で、智超法秘伝《ちちょうほうひでん》を知抄先生が、初公開され、黄金の光そのものとして、〈神人合一《しんじんごういつ》〉を舞台表演で証《あかし》されています。
☆（新・智超法気功《ちちょうほうきこう》　第二巻　知抄著　参照）
人間が、〈光そのもの〉に変容できる、智超法秘伝《ちちょうほうひでん》、（気で悟る　気功瞑想法《きこうめいそうほう》）の、その表演は、美しく、気高く、寂静《じゃくせい》の境地へと、見た者をすべて、光へと誘《いざな》うものでした。知抄先生の表演は、海外では、一九九〇年十一月、イングランドでは、スコットランドのグラスゴー市、ロイヤルコンサートホールで、次に一九九一年五月、アメリカは、ユタ州のソルトレイク市にある、

☆第１章　智超法秘伝《ちちょうほうひでん》－１
丸の内・日本工業倶楽部での公演　参照

キャピタルシアターで、そして同年十一月に、フランスの、ボルドー市、アンドレ・マルロー劇場で、人間が光に成ることを表演されて、智超法秘伝《ちちょうほうひでん》の真実を、証《あかし》されています。考えてもみなかった、〈人間が光に成れる〉ことを、この奇蹟を、目の前で、この目で本当に見た私は、〈私も続くぞ！〉の、熱き思いで即教室で、学び始めたのでした。その後、N・Yで、読売新聞アメリカ社の後援で開催された、〈光の落としもの、N・Y写真展〉にも、馳せ参じ、ここで大きく私の魂は、自由を得て、光の源《みなもと》への永遠に続く、光の道を目指し、軽やかなる一歩を踏み出させて頂きました。

帰国後、知抄先生は、一九九五年十二月一日、実在する光の写真展示場、サロン・ド・ルミエールを、私たちの要望に応え、作って下さいました。そして、地球浄化の礎《いしずえ》の光として、光の源《みなもと》の、地球を光と化する大計画の使命を担う、光の子らの進化の光場《ひかりば》として、朝十時から、夜八時まで、数年間、自由に出入りさせて頂いておりました。当時、お教室が終わると、サロンに駆けつけて、知抄先生の御指導を直接頂き、降り注ぐ光の源《みなもと》、創造界に在《あ》られる、知抄の光を浴びて、色白お肌に若返り、身も心も軽やかに、心身を浄化され、嬉しく楽しく幼子《おさなご》になって、喜びと賛美と感謝の中で、過ごしておりました。

しかし、人間である私は、何の心配もない幸せぼけの中で、些《さ》細《さい》なことがきっかけで、教室から離れてしまったのです。その日以来、暗黒の肉体である、三次元の思考という闇の中で、十年近い歳月が流れた事すら、全く、気付かず、目先の幸せに、満足しきって過ごしておりました。そんな平凡な日常の中で、知抄先生の御本、〈知球暦　光元年〉を、手にしたのです。二〇一一年七月のことでした。

表紙カバーの、秋吉台で瞑想される知抄先生に御降下《こうか》された、十字の光を見た時、〈地球を救う吾等《われら》が決意〉の、十字の光からのメッセージが蘇《よみがえ》り、私の魂は、喜びに打ち震え、涙が止まりませんでした。そして、すべてを光に捧げて、本文の一言一句を噛み締めながら、その日の内に読了致しました。なんと、御本の最後に、〈地球を救う　知抄の光　写真展〉が、銀座四丁目の角にある、いつもの、日産銀座ギャラリーで開催されることを知りました。この時の驚きと、嬉しさは、私の人生の中で、最大の喜びであった事を、今でも忘れる事は出来ません。思い出す度《たび》に、

〈偶然ではない〉この縁《えにし》に、感謝の涙が溢《あふ》れます。

去る者は追わず真に
光を求めし者は拒《こば》まず

の、知抄先生の大きな愛を、そして、胸の奥から込み上げる、申し訳ないという思いと、無知故に、人間丸出しの、傲慢《ごうまん》、横柄《おうへい》、〈個・我〉の感情の中で、木の葉のように揺れ動く、普通のおばさんに成り下がっていた事を、恥辱《ちじょく》の涙で贖《あがな》いました。

同時に、そしてこの時、私は、光の子であるという確信が、揺《ゆる》ぎ無いものとして、自分の中から蘇《よみがえ》ったのです。今度こそ、知抄の光を守り抜き、知抄先生の手足となって、地球を救い、人類を救う、〈大地を受け継ぐ者としての〉、大使命遂行の光の子として、共に歩まねばならない——と、決意も新たに、教室に戻りました。

私がどんな闇を被ろうとも、光への熱き思いで、〈光人《ヒカリビト》〉として、

—救い主　知抄の光　暗黒の地球をお救い下さい
喜びと　賛美と　感謝を　捧げます—

と、光の子である私が、魂からの叫びを上げたら、どんなに離れていても一瞬で、知抄先生の水辺に届き、手を差し延べ、光へと引き上げて下さいました。

本当に、光は　一瞬の　光芒《こうぼう》です　！

光に行きつ戻りつが自由自在に出来る、光の子としての自立が、確立していなかった、私の低き旅路に気付かされました。

偶然はあり得ないと言いますが、そんなある日、サロン・ド・ルミエールの二階に入室して、〈素晴らしき仲間〉の皆様と、共に瞑想《めいそう》していた私は、何十年ぶりかに、三階に居られる、知抄先生にお目にかかる機会を得ました。

光を垣間《かいま》見た者多し
されど光の道を
歩んだ者は皆《かい》無《む》なり

この、実在する知抄の光からの、メッセージが、私の中で呼び覚まされ、知抄先生の御前に居るだけで、全ては鮮明に、光によって、照らし出されました。私の永遠なる、光の源《みなもと》への旅路を知り、光の子として、魂の光と精神（心）の不一致を、己《おの》れの未熟さとして、鮮明に曝《さら》け出されるだけでした。

その日、知抄先生から、新しく出来る、教室のスタッフとして、その部位を担う使命を賜《たまわ》りました。光の子は、こうして、知抄の光を浴びながら、共に歩むことで、〈十字の光・吾等《われら》〉と共に、喜び・賛美・感謝の威力で、妖精を放ちながら、光の道を進めることが、本当に良く判《わか》りました。

人間として、三次元の肉体マントで生きる限り、魂の光へ行き、また肉体へ戻りの、この繰り返しを、光生命体になって、自力で、光のマントに変えねばならないことを、未達《みたつ》である私は、確《しか》と覚悟しました。

今迄《いままで》、どれ程多くの光を求める者達が、智超法秘伝《ちちょうほうひでん》によって、宇宙意識に目覚め、魂の光を、自由に開放して頂けたことでしょうか。

知抄先生は、その人間の〈キラメク〉一点を見、光へと引き上げ、自力救済出来るまで、見守っていて下さいます。しかし、私もそうでしたが、お手伝いをさせて頂くと、すっかり一丁上がった気分になり、嬉しくて、楽しくて、光の帳《とばり》の中に当然居ると思い込んで、そこで低迷してしまうのです。人間の頭を巡《めぐ》らせる、思考の〈闇〉の中で、光でない方へと、連れて行かれていることすら、全く、気付かず、光に成《な》っていると、思い込んでいるのです。

ここまで来たから、ここで良いという、安易な思考に、すぐ人

間は、なりますが、

―光の道は永遠《とわ》なる学びの道です―

ましてや、地球を救う、使命遂行者である光の子は、知抄の光の帳《とばり》から一瞬でも離れることは、地球浄化の礎《いしずえ》の光ですから、あってはならないことでした。それは、今世だけでなく、幾世層《いくせいそう》かけて養成されて来た光の子は、魂の光を自由に羽ばたかせるだけでなく、〈光命体〉として、更に、知抄の光の創造界に、知抄そのものとして、光人《ヒカリビト》として、〈確立し〉、共にあらねばならないからです。

この二十余年、本当に私は、人間として、地球に住まわせて頂くには、余りにも不遜《ふそん》であったことに、気付きました。そして、私が、子供の頃から漠然《ばくぜん》と求めていた何か……。それは、光の源《みなもと》、一《いっ》なるものの存在が実在であった確証を、一連の体験によって、知抄先生から、自然に賜《たまわ》ったことでした。

人間は、光によって一生《いちせい》を生かされ、目の前に在《あ》る全てが、光から与えられた学びであり、その一つひとつを体験として、身に修めながら、光の源《みなもと》への道を目指して、前だけ見て、光だけ見て進めば、すでに道は出来ているのでした。

地上の人間界で起こる全ての現象に偶然はなく、全てが必然であり、全てを光に委《ゆだ》ねるだけでした。

二〇一七年十二月八日

（Ｆ・Ａ）記

②智超法秘伝《ちちょうほうひでん》　それは　遺伝子を通じて人間を光に変える威力です

私は、遺伝子を通じて、六〇兆の人間の細胞を、瞬間、光に変える智超法秘伝《ちちょうほうひでん》を、二十七年間学んで参りました。最近になってようやく、科学の分野からも、智超法秘伝《ちちょうほうひでん》の実践過程及《およ》び、その足跡《そくせき》が真実であったことが、確証として、得られる地球になったのか、という事象が起こっております。

二〇〇九年のノーベル生理学・医学賞を受賞した、エリザベス・ブラックバーンさん他二名の、テロメア説では、細胞を若返らせる為に、テロメラーゼの活動の活性化が重要とされ、豊富な実証データが公表されています。

日本に於《おい》ては、二〇一七年に、NHK出版から〈テロメア・エフェクト〉のタイトルで発刊されています。この著書によると、細胞の周りの環境が悪化すると、テロメラーゼの活性が低下して、染色体末端のテロメアが短くなり、細胞が老化するが、環境を良くすれば、逆にテロメラーゼの活動が増すということが起こっております。そして、細胞の周りの環境を悪くするのが、〈ストレス〉であり、まさに、〈恨み〉や、〈怒り〉のような、〈悪想念《あくそうねん》〉であることを、証《あかし》されておられます。

私は、人間の思考という〈闇〉の怖さを、〈智超法気功教室《ちちょうほうきこうきょうしつ》〉で学び、且《か》つ、何度も〈インテリ馬鹿ぶり〉を、繰り返して参りました。更には、病気にもなり、生死の境をさ迷ったことがある私には、驚きであると共に、彼等の一連のデータは、智超法秘《ちちょうほうひ》伝《でん》を知る者には、体験していることでした。そして、良性意念《りょうせいいねん》がいかに大切かは、〈喜びと賛美と感謝の中にいる〉魂の光輝《こうき》そのものであり、細胞の活性化を促《うなが》し、色白で美しく、若返り、賢くなる、智超法秘伝《ちちょうほうひでん》の日々の実践通りのことでした。

次に国内では、二〇一二年のノーベル生理学・医学賞の対象となった、京都大学の山中伸弥教授達の、iPS細胞は、遺伝子工学によって細胞を、〈初期化〉させ、どんな組織にもなることが出来る、〈万能細胞〉を作るという技術です。

山中教授の研究は、分化を終えた細胞でも、条件によっては、〈初期化〉出来るとのことです。もともと細胞の、核内のDNA上に存在する様々な遺伝子が、細胞の分化に伴って、働き続けるものと、働かなくなるものに分かれています。これは、分化を終えた細胞が、更に分化したり、異常に増えたりすることを防ぐ為でしょう。しかし、外から、〈新鮮な〉遺伝子を入れると、それが働いて細胞が、〈初期化〉され、働かなくなった遺伝子を、遺伝子導入という形でなくても、再活性化してやれば、細胞の、〈初期化〉が、起きるということでしょう。

　これ等の研究成果で、良性意念《りょうせいいねん》がテロメラーゼの活性化をもたらすように、細胞の初期化は、実在する知抄の光の威力〈**喜び、賛美、感謝の威力**〉を駆使《くし》する、光人〈ヒカリビト〉ならば、絶対に起きるに違いないと思いました。光人《ヒカリビト》が、〈**光命体**〉に変神《へんしん》し、知抄の光の御意思の受け皿になれば、失われた細胞組織の復活も起こり得るという、再生理論は、知球暦八年を迎えた今では、当然のこととして受け止められます。

研究室で専門的に、科学的に実験を繰り返さなくても、一足飛びには行きませんが、智超法秘伝《ちちょうほうひでん》を実践して来た光の子が、地球を救う礎《いしずえ》の光として、知抄先生の大使命を共に担い、光へ行きつ、戻りつが、自由自在に出来る、〈光人《ヒカリビト》〉として確立した時には、

全知全能を　引き出し

不可能の概念《がいねん》　もはや　無　し

の、実在する光からのメッセージ通りになる日も近し、の感を深めました。
そして、近未来、地球上では、

病　気　は　無　く　な　り

犯罪も無くなり
真の自由と
真の平等と
真の平和を

具現化しながら、ゆっくりと、進化して行くとの、知抄先生のお言葉が、本当に現実味を帯びて、私にせまって来ます。

智超法秘伝《ちちょうほうひでん》の深遠《しんえん》な学びを、ワクワクしながら汲《く》み取り、もっと深く、探求して行きたい……との思いが、自然科学分野の一学《がく》徒《と》としては、募《つの》ります。

二〇一七年十二月十三日
（I・K）記

③ 総入れ歯　三〇年
智超法秘伝《ちちょうほうひでん》と共に歩む

私が、横浜そごうビルの九階にある、文化センターで、新しく開講される、〈智超法気功《ちちょうほうきこう》〉教室を見つけたのは、一九九〇年一〇月のことでした。

それまで、太極拳を学び〈師範《しはん》〉を頂いていた私は、何故か、パンフレットを見て、心惹《ひ》かれるものがありました。

学び始めて判《わか》ったことは、魂の光輝《こうき》への道標《みちしるべ》として、天から賜《たまわ》った、人間が人間智を超える、智超法秘伝《ちちょうほうひでん》を、無造作に駆使《くし》する知抄先生のその、威力でした。

どんどん受講生は増し、教室での気功実技によって、一斉に、空中浮上も起こっておりました。それは、本当に興味津々《きょうみしんしん》の、馳せ参じるに値する教室でした。当時、九州や、北海道からも、生徒さんが、知抄先生の気で悟る〈気功瞑想法《きこうめいそうほう》〉の、御本の内容に魅せられ、参加されて居られました。今でも印象にあるのは、松葉杖で来られた二〇代の女性が、帰りには、廊下をスタスタと歩いてお帰りに成《な》られた事です。病気が治癒したお方の、感謝の御礼の言葉は、何度も、何度も、目の前で見聞きさせて頂き、見ている私の方が涙が出るほど嬉しく、楽しく、喜びの中でした。

そして、いつも後ろの方に知抄先生は座って居られ、初めて来られた生徒さんは、「知抄先生はどこに居られるのでしょうか?」と、側に居る、知抄先生にお尋ねする方も居られました。実技の後の、〈おはなし〉の時に、前に立つ先生を見て、「えっ！」――知抄先生って女性なの？――と。教室に爆笑の渦《うず》がこだまする程でした。

知抄先生の私達への自己犠牲による、〈無私の愛〉と、智超《ちちょう》法秘伝《ほうひでん》の実技の威力の前に、誰もが、〈本ものに出逢った〉喜びを噛み締めていました。

そんな或《あ》る日、他人事と思っていた私にも、信じ難い事が起こりました。夢ではなく、深夜、ベッドの上で、確かに、私の体が浮いたのです。そして、次に、ドスンと落ちました。それは、ただ浮上しては、落下し、床に立っても、ベッドに座っても、床に落ちる程、身体が頭の天辺から、天に繋がっているように、浮上は続き、さすがの私も、驚いた主人も、知抄先生宅へ朝一で駆けつけ、知抄先生に、落ち着かせて頂きました。二十七年前の事ですが、驚いている主人と共に、嬉しく、楽しく、知抄先生と、モーニング・コーヒーを頂いた事が、昨日のことのような気も致します。

私は今、八十三歳になりました。心身共に、健康で、若人《わこうど》の様に、日々外出し、若人《わこうど》のように、飛び回って、何の不足も不満も無く、楽しく、嬉しく自立して生きて居ります。しかし、最近になって、気がつくと、身体は元気なのに、物忘れが多くなり、顔の皺《しわ》は深くなるばかりで、鏡を見るのも自分で敬遠《けいえん》してしまいたくなるのです。同じ年齢の多くの方々が、智超法秘伝《ちちょうほうひでん》で若返り、いつ、いつ、はつらつとして、頭も、目も、耳も、しっかりされているのを見ると、何処《どこ》かが私だけ違うのでした。

今、健康についての情報が、溢《あふ》れる中で、三〇年前の歯の治療の事が、思い出されて、後悔のほぞを噛む思いです。私は、虫歯で苦労していた時でしたので、歯がまだ残っていたのですが、全て抜いて、総入れ歯にしたのです。それまでは、差し歯を数本入れて居りましたが、施術では、一、二週間で、すぐに外れたりするので、年中、歯医者さんで数時間待たされる診療《しんりょう》が、子育てもあり、負担になっていたのです。

そんな折、子供の友人のお母さんから、総入れ歯にしたらすごく楽になった事をお聞きし、当時全く入れ歯など念頭にもなかった私は、早速、歯医者さんに飛び込み、即、上下丸ごと、総入れ歯にして頂いたのです。特別な違和感も無く、今日まで全く何の不便、不自由もなく過ごして来たのです。しかし、一昔《ひとむかし》、三〇年

前の事とは云《い》え、今日の医療の進歩を見るにつけ、置いてきぼりにされ、砂漠に一人だけ取り残された不安、恐怖感が拭《ぬぐ》えず、

―人間とは　本来　光そのものである―

と、**判《わか》っていても、すぐに人間をやってしまうのでした。**

今の時点で健康チェックをして見ると、まず目の手術をして居《お》ります。白内障《はくないしょう》でした。次に、難聴が出始め、渋々《しぶしぶ》ですが、補聴器を調達しています。そして、最近では、物忘れがひどく、話の内容が途中で断ち切れて、何を自分でも話しているか判《わか》らなくなるのです。智超法秘伝《ちちょうほうひでん》をお教室で学んでいる時は、全く頭は正常に活動しているのにです。

光の源《みなもと》の大計画によって次元上昇し、光と化した新しい地球に住んでいる今、〈光そのもの〉でない時は、思考の停止という

事も考えられます。しかし、今回、他の同世代の皆さんと、私が違う点、それは、自分の歯が三〇年も無いことが、原因になっている事が自分なりに判《わか》って来たのです。

つまり、歯が無いことは、〈神経を抜いている〉事でした。それは、脳に多大な影響を及ぼし、そしてまた、脳の認知機能を活性化する重要な部位である、〈海馬《かいば》〉の働きを低下させ、物忘れがひどく、認知症的言動に成《な》る事が、明らかになって来たのです。私は無知とは云《い》え、全く、何の違和感もなく、歯については、無頓着《むとんじゃく》で、この三〇年間平気で、過ごして来たのです。同じ学ぶ仲間を見て、歯が健在か否かで、〈**知の時代の到来**〉に出遅れている事がやっと、自分で認識出来るまでになったのです。

すると、私の魂は、「**歯が、在《あ》るか、無いか、にかかわらず、**

今迄《いままで》元気で、三〇年間過ごして来た事を受けとめよ！」と、ささやくのでした。私は、魂の光からのお声によって、自分の視点の狂いを是正《ぜせい》された思いでした。

今の医学の進歩の中での情報を聞き、色々なことを見ることによって、過去を振り返って、反省したり、不安感や恐怖感を常に抱く私は、思考の闇の中にどっぷり浸《つ》かっていたのです。

光を 採《と》り入れ
光に もどり
光と 共にある

の、〈光呼吸〉をすると、即、光生命体に成《な》れる、智超法秘伝《ちちょうほうひでん》の今の旅路での、この威力を、喜びと賛美と感謝で受け止めれば、良いだけでした。
光の源目指《みなもと》し、前だけ見て、まっしぐらに光の道を歩むだけ。
それなのに、後ろを振り返り、光は前にしか無いことが、判《わか》って
いても、過去へ引きずられる、人間としての〈既成概念《きせいがいねん》〉が根
深く、頭の中を支配するからでした。

―― すべてを知抄の光に
ゆ、だ、ね、よ ――

委《ゆだ》ねることで、この既成概念《きせいがいねん》を取り除き、白紙の心に成《な》れるよ
うにして下さる、知抄の光の威力を判《わか》っていても、すぐ忘れる、
傲慢《ごうまん》な自分が在《あ》るのでした。

歯を失っても、元気で今もこうして一人で生活出来ることは、全て、この二十七年間、智超法秘伝《ちちょうほうひでん》を学び続けた結果ではないかと、気付き、やっと、魂の光を自由に、羽ばたかせることが出来ました。

このきっかけは、二〇一七年一〇月九日のセミナーに参加したお陰です。共に学ぶ皆さんとの違和感が、全く無くなった事を、翌一〇月一〇日、**知球暦八年の幕開け**に感じました。

これからも、全てを光に捧げ、共に、光の源《みなもと》へ向かい、地球丸ごとお守りして頂きたく、自らが、光そのものとして生きて行きます。**ありがとうございます。**

二〇一七年十二月十三日

（Ｋ・Ｋ）記

④ 知抄の光と共に 礎《いしずえ》の光として歩む

今年最後の、嬉しい嬉しい〈光の宴《うたげ》〉への参加が叶いました。それも、職場で足を骨折なさった〈H〉さんの車椅子での参加をお聞きし、私も共にセミナー会場にとの思いで、すべてを知抄の光に委《ゆだ》ねました。

すると、とても自然な形で、手伝って下さるお方が、次々に現れたのです。〈H〉さんは、御両親によって、姫路駅から車椅子で〈のぞみ号〉に乗車され、私は新大阪駅から、お隣の座席に座ることになっていました。当日の十二月二十三日は、「姫路駅では、駅員さんが介助して下さるので、一人でも大丈夫」と事前に、〈H〉さんから連絡頂いていたのですが、何と〈K〉君が、偶然にも、〈H〉さんと同じのぞみ号の、同じ車両に座席を取って居られたのです。そのため姫路駅では、駅員さんと共に、乗車をお手伝いして下さいました。

さらに、私が家を出る少し前に、山口県からセミナーに参加される、〈I〉さんからメールがあり、私たちの到着予定よりも、ほんの一〇分程度早く、新横浜駅に到着されるということが判《わか》りました。これで、二人の頼もしい光の仲間が、セミナー会場までの一行に加わって下さいました。のぞみ号の車掌さん、そして新横浜駅の駅員さんも、とても親切で優しい心配りをして下さいました。

新横浜駅からは、タクシーで、セミナー会場の岩間ホールへ向かいました。タクシーの運転手さんは、とても親切な方でした。会場内では、光の子、光人等《ヒカリビト》が、次々に声をかけて下さり、最前列にご用意して下さった席に、無事に着くことが出来ました。全く、異次元の光の渦の中に飛び込んだみたいで、ここから先は、もう何も考えられず、ただただ嬉しく、喜びが溢《あふ》れて、ありがたいという思いで一杯でした。

地球を救う光の子等を対象としたセミナーの内容は、もう心身ともに軽やかに、精神へ、五感へ、六〇兆の細胞、一つひとつへと、光が満たされて行きました。今回の、〈地球を救う礎《いしずえ》の光として歩む〉セミナーの、内容の一つひとつが、魂の光と共に打ち震える感動の中で、幸せの輝きの中で、あっという間に終了しておりました。スタッフの方々が、お声かけして下さいました。帰りのタクシーの運転手さんも、とても優しく、温かく、親切に対応して下さり、土曜日の夕方で道路は混んでいる筈《はず》なのに、私たちの乗ったタクシーは、宙を飛ぶようにスイスイと走り、新横浜駅のタクシー降り場までの道だけが、全く一台も車がいなくて、まるで、私たちのタクシーに向かって「さあ、おいで！」と、きらきら輝く光の道がどこまでも伸びているようでした。

明石の（M）さんも加わりました。お弁当や飲み物を買って、乗車時間までは、駅の待合室で過ごしました。今頃サロンでは、皆さんでお花を分かち合い、地球全土に喜びを振り撒《ま》いている頃と思うと、セミナーの余韻《よいん》でハイになっている、私たちも、嬉しさ爆発で、ビールやコーヒーで乾杯しました。

のぞみ号に乗車する時には、駅員さんがにこやかに、親切に対応して下さいました。タクシーの運転手さんもそうですが、本当に心の優しさが、温もりとなって伝わって来るのです。

知球暦八年目を迎えた地球が、十月十日より変わっていることを、現実として感じることが出来ました。そして、明日十二月二十四日、光の源《みなもと》の創造界で開かれる、天界の地球救済計画についての会議で、今の地球を如何《いか》に、知抄先生が、御報告なされるか、その内容に、地球人類の一人として、光を添《そ》えたいとの思いでした。

大阪の家に戻って、「今日のセミナーに、骨折をものともせず参加された、〈Ｈ〉さんの、知抄の光への熱き思いと、知抄の光に全託《ぜんたく》する、強い決断を学ばせて頂きました」ことを、メー

ルしますと、

― セミナーに行けないなんて、

思わなかっただけです ―

という、お返事を頂きました。知抄の光に〈ゆだね〉、何が起こっても、知抄の光の御前に馳《は》せ参じる、光の子としての強い自覚を持つことで、光に守られ、〈光人《ヒカリビト》〉として確立し、光を放つ喜びを、共に今回、体験させて頂きました。

知抄の光を　魂に掲《かか》げて

積極的に　光を求める　強い決断

揺るぎない　光への熱き思い

光と共にある　一瞬一瞬の　決断につぐ決断

今日も、多くの気付きと、学びを頂きました。更に、知抄先生から、〈**御玉光**〉を頂けたことで、すっかり子供に戻って、嬉しさに心弾ませ、スキップしながら毎日を過ごします。

♡ 本当にありがとうございました ♡

今回は、いつものように、セミナー会場に現出《げんしゅつ》する金粉を、採集する時間がありませんでした。セミナー会場では、なんと、誰一人、金粉に心奪われることなく、創造界の知抄の光の水辺で、地球へ光を注ぎ、光を求めし者、光を受け止める準備整いし者達を、光へと引き上げる使命に、一丸となって、生命《いのち》注いでいたことに、気付きました。

地球を救う、知抄の光と共に、〈礎《いしずえ》の光として〉、地球を守り、日本を守り、地球人類を光へと引き上げる、強き歩み致します。

二〇一七年十二月二十三日
（S・A）記

☆

金粉は
いつものように
座席の足元の床だけでなく
場内の至る所で
今回もキラキラと
輝いていたのです。

⑤ 智《ち》超《ちょう》法《ほう》秘《ひ》伝《でん》高《こう》級《きゅう》内《ない》丹《たん》静《せい》功《こう》法《ほう》の威力

私は、日曜日に開講される、四ツ谷にある、〈智超法気功教室《ちちょうほうきこうきょうしつ》〉で、本邦では何処《どこ》にもない、高級内丹静功法《こうきゅうないたんせいこうほう》を学んでいます。

この高級内丹静功法《こうきゅうないたんせいこうほう》は、一九九〇年十一月二十七日、スコットランドのグラスゴー市、ロイヤルコンサートホールで、知抄先生が、智超法秘伝《ちちょうほうひでん》の天目開眼功法《てんもくかいげんこうほう》を、世界に向かって、初めて公開表演され、人間が、白銀と黄金の光に包まれる姿をビデオで映像として証《あかし》されている、前代未聞のお宝です。

お教室では、高級内丹静功法《こうきゅうないたんせいこうほう》の技法に全てを委《ゆだ》ね、共に実践す

ることで、技法が終了する時には、お教室の全員が例外なく、魂の本性《ほんせい》の光、本当の自分が肉体まで顕現《けんげん》し、

—人間とは、本来、光そのものである—

ことを、光生命体に変身することで、光と化した地球に、適応する体験をしています。それは、**肉体マントを光のマント**に変えるということです。そして、教室が終了して、表に出ると、太陽が目を開けていられない程に、大きく輝きを増し、くるくると回り、地上に降下されるように見えます。空気は澄みわたり、より純粋に、透明に、大気が変わっていることが判《わか》ります。

こうして、光の子、光人《ヒカリビト》が、光の道を一歩前進すると、いつも地球の光が増して、地球が進化したことが判《わか》ります。思わず、光

の源《みなもと》に、

――　ありがとうございます　――

と、感謝を捧げずには居られないのです。

私の肉体である小宇宙が、高級内丹静功法《こうきゅうないたんせいこうほう》による、魂から無限に溢《あふ》れ出てくる、喜び、賛美、感謝の威力により、私自身の思考による〈**内的闇**〉も、〈**外からの闇**〉も、瞬間、光で統一され、〈光そのもの〉になります。その瞬間、地球も光で統一され、頭をめぐらせる人間智の思考という大闇《おおやみ》が、光の威力で焼き尽くされ、光の地球へと、瞬間生まれ変わり、進化するのです。

光の源《みなもと》の地球を救う大計画を担う、光の子・光人《ヒカリビト》が、

――　知抄の光　暗黒の地球をお救い下さい

喜びと賛美と感謝を捧げます ―

と、光の源《みなもと》へ届くまで、真摯《しんし》に魂からの雄叫びを上げる時〈光《こう》命体《めいたい》〉になって、全知全能を引き出すことができるのです。

智超法秘伝《ちちょうほうひでん》の威力の顕現《けんげん》は、知抄先生の歩みを私達がそのまま受け止めて実行・実践することで、必ず良い方へと導かれるという実績《じっせき》です。今迄《いままで》も、これからも知抄の光と共にあれば、私達は、全知全能を駆使《くし》して、前へ進めます。そして、

― 吾等《われら》に　不可能の概念《がいねん》なし ―

との、メッセージ通りに、全てが成就するのです。

その反面、いよいよ二〇一八年を迎え、地上で行き場を失った闇が、弱き人間の部位をねらい、次々と押し寄せて来ています。

〈待ったなし〉の時を迎え、光への熱き思いで、知抄の光を魂に掲《かか》げ、魂の光からの〈ヒラメキ〉を、具現化して歩まねば、光の子・光人《ヒカリビト》でも前へ進めなく思考が停止して立ち往生《おうじょう》です。

光のマントに教室で変身しても、知抄の帳《とばり》の中にある光の子・光人《ヒカリビト》が肉体マントに戻ると、知抄先生の御尊体を傷つけ、更に、地球を傷つけることを忘れず、光を死守するだけです。

その為に、〈十字の光・吾等《われら》〉を、魂にいつもお迎えし、光命《こうめい》体《たい》に〈変神《へんしん》〉して、〈神人合一《しんじんごういつ》〉の真の姿、光人〈ヒカリビト〉を顕現《けんげん》することで、知抄の光を地上で守る、〈守り人〉に成《な》りたいと思います。

ここまでのお導きに感謝あるのみです。

二〇一八年一月六日　（K・K）記

☆（知抄＝知抄の光）を守る（十字の光・吾等《われら》）

☆ 十字の光 ― 地球を守る吾等《われら》が決意 ―

あとの言葉《ことは》

年明けから攻めて来る〈闇〉との峻烈《しゅんれつ》な戦いは、待ったなしの頻発《ひんぱつ》する地震で揺さぶりをかけ、次々と不安、心配、緊張感、恐怖感をそそり、光でない方へと人々を連れて行きます。今迄《いままで》は、知抄の光と共に、光の子・光人《ヒカリビト》・知抄・〈十字の光・吾等《われら》〉、一丸となって、**大難を小難にして頂いて参りました。**

いよいよ人類は、各人、〈光と闇の決戦〉の只中《ただなか》で、決断しなければならない時を迎えています。

光と化した地球で　溺れる者と
喜びと賛美と感謝の

新世界への旅立ちをする者とに

自らの自由意思で鮮明に分かれることでしょう。

私達は真実を知る者として、光を求め、光への熱き思いで、真摯《しん し》に、魂の光を解き放ちたいとの叫びを、聞き漏《も》らすことはありません。地球人類の一人ひとりを、必ず、今迄《いままで》もそうであったように、光へと引き上げ続ける所存です。

そして、二十一世紀は〈知の時代〉です。それは、〈個や我〉の人間智でなく、〈魂の光〉が、地上に顕現《けんげん》するからです。真実の光なればこそ、全知のみならず、必ず全能として、

― 不可能の概念《がいねん》なし ―

が、ヒラメキによって引き出され、成就へと導くのです。

すべては、光の源《みなもと》、宇宙の根源、一《いっ》なるものによっての地球救済計画の中に、あるのです。私も光の源《みなもと》への、誰も歩んだことのない光の道を、光の子・光人《ヒカリビト》等と共に、知抄の光と一体となって導かれながら共に歩む、一学徒《がくと》にしかすぎないことを、深く感ずる昨今《さっこん》です。

それでは、皆様の新しい光への門出を祝し、日本列島を共に守り、地球全土へ、喜びと賛美と感謝の威力を振り撒《ま》く、光生命体への変身を祈念《きねん》致します。

二〇一八年一月八日

知抄

―感謝―

精神世界のパイオニアで在《あ》られた、
株式会社　たま出版の
故　瓜谷侑広社長が、
今、目の前に、笑顔でおられます。
今日迄《まで》の縁《えにし》に、感無量《かんむりょう》の思い致します。
現、社長及び、編集の方々
皆様の、御協力に御礼申し上げます。

―知抄の著作について―

〝本にして

本に非《あら》ず〟

あなたを

必ず光へと誘《いざな》う

◇

光の写真は
生きた実在として
永遠《とわ》に光を
放《はな》ち続ける

実在する光よりのメッセージ

指帰の宇多　(1994年7月発刊)

知抄が語る心のシリーズ

宇宙意識への階梯 幸せになるために
善なる波動で地球の危機を回避しよう

地球の存続を希求する者は、この本を読まずして21世紀を迎えることはできないの思いでした。地球を救う光の子等は、この本を読了し即、知抄の光の元に馳せ参じたのです。(K.Y) 記

☆

古里《ふるさと》忘れし
迷える子等よ
光のもとへ
いざ帰りなん
光への道標《みちしるべ》
そは
指帰《しき》の宇多《うた》

☆ 指帰《しき》の宇多《うた》より

智超法秘伝シリーズ
全七巻

第1巻

新 気功瞑想法　（1998年3月発刊）

高級内丹静功法の最奥義
宇宙の叡知が証す21世紀へのパスポート

1990年11月に〈第1巻〉を発刊して
8年後に 新版として出しました。
今でもこの内容は 時空を超えて
魂の光輝への道標としてあります。

第4巻

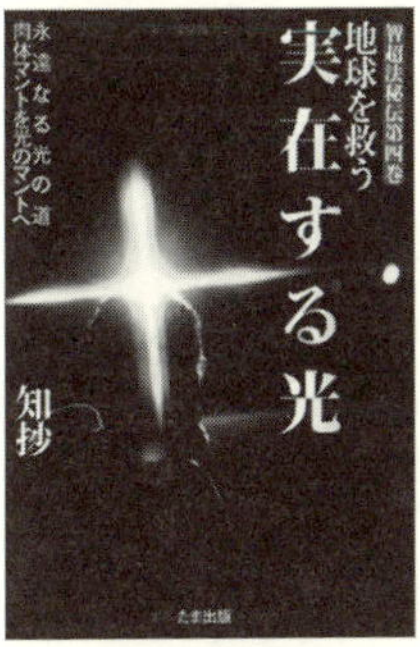

地球を救う
実在する光
永遠なる光の道
肉体マントを
光のマントへ
(1999年2月刊行)

第3巻

地球を救う
知抄の光
実在する知抄の光と共に
気功瞑想法 超能力
・アデプト編
(1998年3月刊行)

第2巻

新 智超法気功
究極の天目開眼
気功瞑想法
上級編収録
(1998年3月刊行)

第5巻

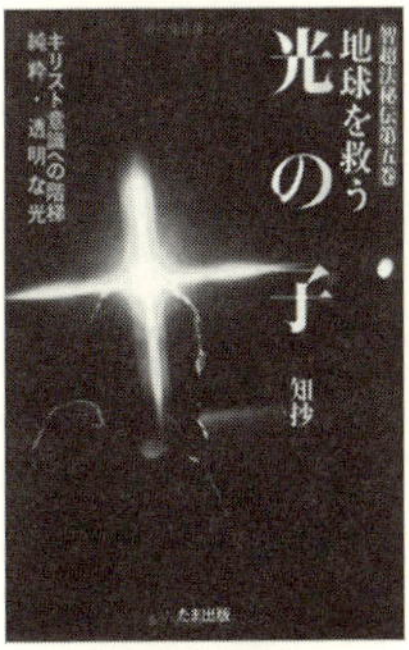

地球を救う
光の子
キリスト意識への
階梯
純粋・透明な光
(1999年2月刊行)

第6巻

地球を救う
光のいとし子
救い主 知抄の光が生み出す
妖精と光人の威力!!
地球を核から光と化する歩み
(1999年3月刊行)

第7巻

地球浄化の礎の光
地上に降りた救い主
新たなる地球
喜びと賛美と感謝に満ちる
救い主 知抄の光の威力
(1999年3月刊行)

光の源の大計画シリーズ
全五巻

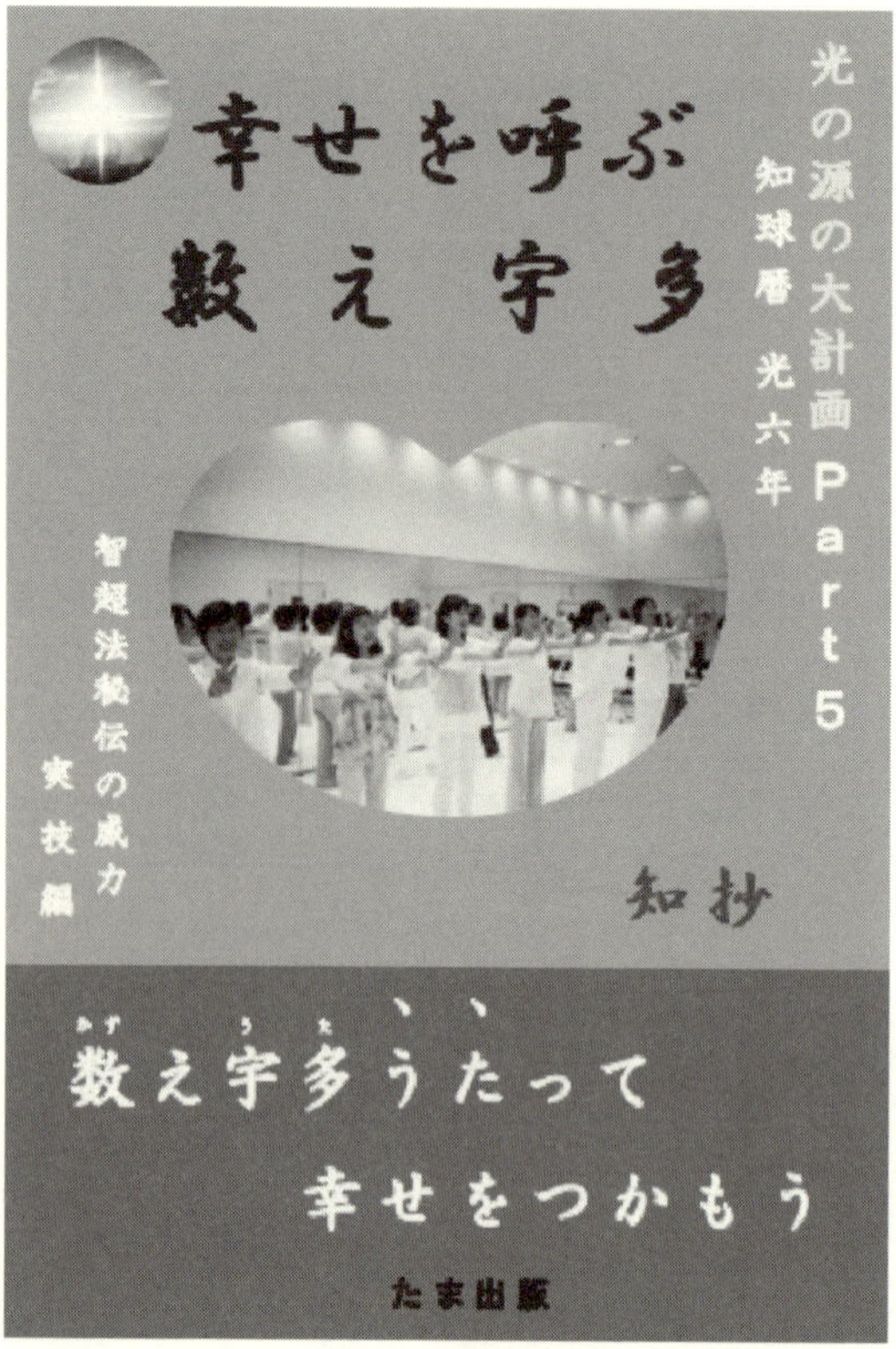

Part5

″本にして本に非ず″

頁をめくり　実在する光のお写真を見るだけでも　嬉しくなり活力が湧いてきます

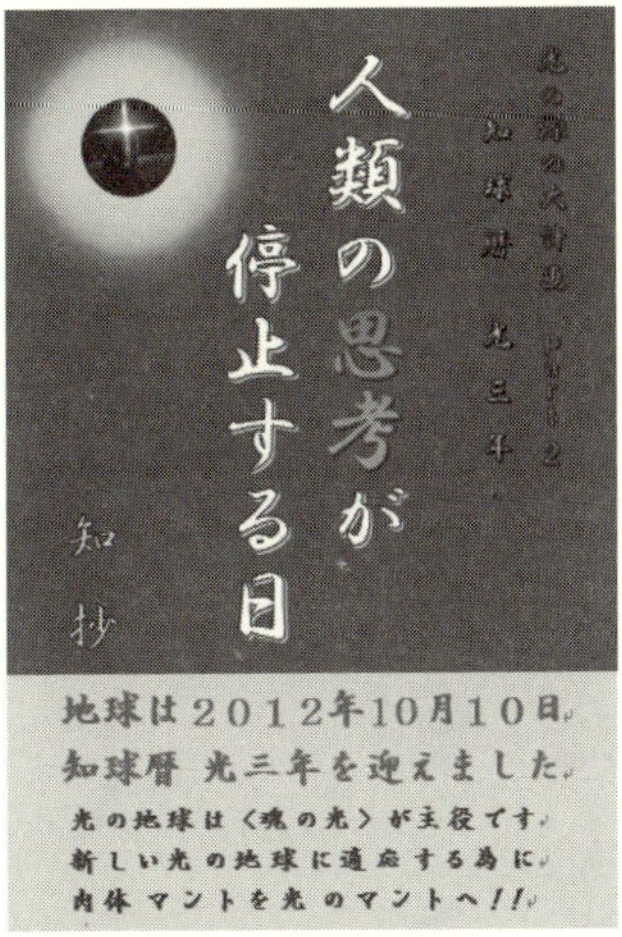

Part2

Part1

Part3

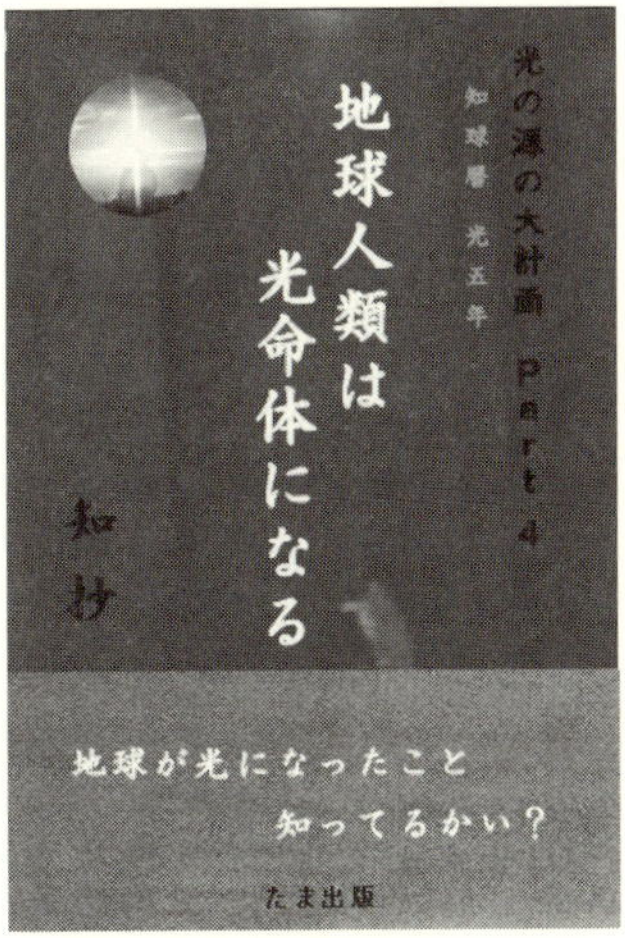

Part4

素晴らしき仲間の詩《うた》

光の古里《ふるさと》　後にして
地上目指して　幾世層《いくせいそう》
地球浄化の　礎《いしずえ》と
素晴らしき仲間　今ここに

光の剣《つるぎ》を　共に抜き
結びし誓い　熱き思い

輝く光に　全て捧げ
素晴らしき仲間　ここに集《つど》う

揺るぎなき心　蘇《よみがえ》る
平和のために　生命《いのち》注ぐ
全てを照らして　進む道
素晴らしき仲間　光の友

一九九五年　九月　十七日　受託

◇　お問い合わせは　◇

〜〜〜〜〜〜〜〜〜〜〜〜〜〜〜〜〜〜〜〜〜〜〜〜〜〜〜〜〜

Salon de Lumière

光の写真展示場　非公開
サロン・ド・ルミエール

住　所：〒240-0013　横浜市保土ヶ谷区帷子町 1-3
インテリジェントビル　201

Office：〒240-0013　横浜市保土ヶ谷区帷子町 1-31
ヴェラハイツ保土ヶ谷　303
FAX　045-332-1584

連絡先：〒220-8691　横浜中央郵便局　私書箱145号
智 超 教 室　宛

☆　URL：　http://www.chi-sho.com/

喜び・讃美・感謝の威力　第一巻

次元上昇し　今
光と化している地球
あなたならどう生きる？

2018年 3月 15 日　初版第 1 刷発行
2018年 9月　5 日　初版第 6 刷発行

著　者／知　抄
発行者／韮澤 潤一郎
発行所／株式会社たま出版
〒160-0004 東京都新宿区四谷 4-28-20
☎03-5369-3051（代表）
http://tamabook.com
振替　00130-5-94804
印刷所　株式会社エーヴィスシステムズ

ISBN978-4-8127-0415-8 C0011